당신만 몰랐던
계약서 작성 A to Z

프롤로그

공인중개사로서 계약서를 작성하는 일은 분명 중요한 업무 중 하나입니다. 하지만 실제 현장에서는 기존 계약서를 참고해 내용을 복사하고, 일부만 수정해 사용하는 경우가 대부분입니다. 경력이 오래된 중개사들조차 계약서를 제대로 작성하지 못하는 경우도 적지 않죠. 아마 처음부터 제대로 된 계약서 작성법을 배울 기회가 없었고, 그 방식이 지금까지 이어져온 탓일 것입니다.

그렇다고 계약서 작성이 중개 업무에서 가장 중요한 일이라고 생각하지는 않습니다. 중개사에게 정말 중요한 역량은 좋은 매물을 확보하고, 유효한 고객을 찾아내며, 계약 당사자 간의 조건을 조율해 최종적으로 계약을 성사시키는 일이라고 생각합니다. 계약서 작성은 그다음 문제입니다.

그럼에도 제가 이 책을 쓰게 된 이유는, 막상 중개업을 시작했을 때 '계약서 작성'이 가장 두려웠다는 사실을 부정할 수 없기 때문입니다.

초보 시절, 계약하도록 손님을 강하게 설득해야 할 순간에 '계약서를 쓸 줄 모른다'라는 사실이 제 발목을 잡아 손님을 놓친 적이 한두 번이 아니었습니다. '나, 계약서 쓸 줄 모르는데…. 고객이 계약하겠다고 해도 문제다'라는 생각을 떨쳐버리지 못했기 때문입니다. 그래서 이 책을 집필하게 되었고, 초보 공인중개사분들께 조금이나마 용기와 자신감을 드리고 싶습니다.

부동산 계약서는 양측의 계약 당사자에게도 물론 중요하지만, 이를 중개하는 중개사 자신을 보호하기 위해서도 매우 중요합니다. 까다롭지 않은 고객이라면 큰 문제가 없을 수 있지만, 고객이 중개사에게 책임을 묻기 시작하면 단순했던 문제도 복잡해질 수 있습니다. 여기서 중요한 것은 책임을 회피하라는 것이 아니라, 미래에 생길 수 있는 상황을 예측하고, 이에 대비해서 고객에게 충분히 안내한 뒤, 그 내용을 계약서에 명확히 반영하는 데 있습니다. 단 몇 글자를 추가하는 것만으로 불완전한 상황에서 벗어날 수 있는 경우가 많습니다.

당연히 계약서를 자유자재로 작성할수록, 고객의 요구와 조율된 사항을 계약서 특약에 구체적으로 담을 수 있다는 자신감이 생깁니다. 이 자신감은 곧, 고객을 설득하는 무기가 되기도 합니다. 그래서 이 책은 계약서 작성에 대한 실질적인 역량을 높이고, 중개사로서 한층 더 성장하는 데 도움이 되길 바라는 마음으로 쓰게 되었습니다.

공인중개사는 매도인·임대인과 매수인·임차인의 의견을 단순 전달하는 데 그치지 않고, 적극적으로 개입해서 조율하는 것은 물론, 분쟁이 생겼을 때 중재자의 역할도 수행해야 합니다. 한쪽의 이야기를 들어보고 너무 무리한 요구라고 판단되면 적절히 상대를 대변해줄 수 있어야 하며, 그 요구사항을 상대방에게 그대로 전달하기보다는 상황에 맞게 포장할 줄 알아야 합니다. 즉, 고객의 심리를 파악하고 상황을 중재하는 능력, 그리고 그 내용을 계약서에 반영하는 역량이 중요합니다.

이번 책은 제가 3년 차 초보 공인중개사 시절에 집필했던 《당신만 몰랐던 공인중개사 실무 A to Z》 이후, 한층 더 성장한 공인중개사로서 독자 여러분을 만나고자 하는 마음에서 썼습니다. 더 지혜롭고 능력 있는 중개사가 되기 위해 저 역시 끊임없이 노력하고 있으며, 이 여정 속에서 여러분께 작은 길잡이가 될 수 있다면 더없이 기쁘겠습니다. 아울러 긴 시행착오를 거치며 전문가로 성장하는 저를 묵묵히 지켜봐 주고, 언제나 든든한 힘이 되어준 남편과 사랑하는 아들, 그리고 늘 한결같이 응원해주신 부모님께도 진심으로 감사의 마음을 전합니다.

함께 성장하는 길목에서,
집사임당 **김애란**

CONTENTS

프롤로그   5

CHAPTER 01
고객이 계약하게 만드는 여러 가지 기술

너무 많은 선택지는 오히려 독   14

가격 조율해주기   17

가격 깎는 타이밍   20

나의 시간과 에너지는 한정적이다   25
찐 손님 구별하는 법 26 | 도움 주고받을 아군 많이 만들기 32 |

법인 손님 꿀팁   34

끊임없이 배우고 움직여야 하는 중개업   36

'가계약금'이라는 기술   37
가계약 문서 작성 시 주의사항 40 |

CHAPTER 02
중개사가 알아야 할 관행적인 내용

임대 기간	50
단기계약	52
대리인이 대신 계약하는 경우	55

매도인·임대인 측 대리인인 경우(돈을 받는 쪽) 57 ┃ 매수인·임차인 측 대리인의 경우(돈을 주는 쪽) 59 ┃

계약금은 10%가 기본! 가계약금은 계약금의 10%	62

CHAPTER 03
일반계약서 작성하기

한방 프로그램	66
일반계약서 작성	68

부동산의 표시 69 ┃ 거래 조건 및 계약 내용(거래금액, 잔금일 등 포함) 80 ┃ 특약사항 93 ┃ 계약일 및 당사자 인적사항 99 ┃

CONTENTS

CHAPTER 04
기타계약서 작성하기

표준임대차계약서 ... 112

표준임대차계약서 작성법 ... 114
계약 당사자 114 ┃ 공인중개사 116 ┃ 민간임대주택의 표시 116 ┃

전속계약서 ... 127

권리금계약서 ... 131

CHAPTER 05
중개 대상물 확인·설명서 작성하기

중개 대상물 확인·설명서 & 첨부 서류 ... 141
① 대상 물건의 표시 144 ┃ ② 권리관계 156 ┃ ③ 토지이용계획, 공법상 이용 제한 및 거래 규제에 관한 사항(토지) 160 ┃ ④ 임대차 확인사항(주거용에만 해당) 169 ┃ ⑤ 입지 조건 179 ┃ ⑥ 관리에 관한 사항 183 ┃ ⑦ 비선호시설(1Km 이내) 186 ┃ ⑧ 거래예정금액 등 187 ┃ ⑨ 취득 시 부담할 조세의 종류 및 세율 191 ┃ ⑩ 실제 권리관계 또는 공시되지 않은 물건의 권리사항 193 ┃ ⑪ 내·외부 시설물의 상태(건축물) 195 ┃ ⑫ 벽면, 바닥면 및 도배 상태 & ⑬ 환경조건 198 ┃ ⑭ 현장 안내 199 ┃

중개보수 및 실비 금액과 산출 내역 ... 200

CHAPTER 06
계약&잔금 시 준비해야 할 서류

공인중개사가 준비해야 할 서류   204

고객이 준비해야 할 서류   206
매매 206 | 임대 208

CHAPTER 07
계약서 작성 시 참고할 만한 특약사항

주택 – 임대차계약   223

주택 – 매매계약   231

분양권 – 매매계약   233

상가건물 계약 시 특약사항 작성 주의사항   235

상가 – 임대차계약(스크린골프장)   240

사무실 – 임대차계약(지식산업센터)   242

상가·사무실 – 매매계약(집합건물)   244

건물(빌딩) – 매매계약   246

가계약서 문자 양식   250

에필로그   254

CHAPTER 01

고객이 계약하게 만드는 여러 가지 기술

너무 많은 선택지는
오히려 독

    매물이 많다는 것은 공인중개사에게 분명 엄청난 강점입니다. 하지만 비슷한 매물이 열 개 있다고 해서, 처음부터 그 모든 매물을 다 보여줄 필요는 없습니다. 저 역시 예전에는 '고객이 뭘 선택할지 모르니, 일단 가능한 한 많이 보여주자'라는 마인드였지만, 그러면 오히려 고객이 '이렇게 매물이 많으니, 다른 부동산 공인중개사 사무소에도 더 괜찮은 게 있을지도 몰라'라고 생각하게 되어 다른 부동산 공인중개사 사무소를 찾아보게 되더라고요. 그리고 대부분의 사람들은 선택장애(?)가 있기 때문에 너무 선택지가 많으면 오히려 선택하기가 어렵습니다.

    물건을 보여주고, 고객이 선택하도록 돕는 시점에서는 과도하게 많은 매물을 보여주기보다는 고객이 결정할 수 있도록 도움을 주는 것이 중개사인 저에게도, 그리고 고객에게도 훨씬 이로운 일입니다.

부동산 중개업에서는 이런 말도 있습니다.

"안 할 사람은 열 번을 보여줘도 안 하고, 할 사람은 한 번만 보여줘도 한다."

이 말은, "성의 없이 보여주라"는 뜻이 절대 아닙니다. 진성 고객인지, 구매력이 있는 고객인지, 그냥 알아만 보는 단계인지를 먼저 파악하는 일을 우선시해서 효율적으로 일하라는 의미입니다. 그리고 유효한 고객이라고 판단된다면, 고객이 원하는 물건을 최선을 다해 찾아서 보여주되, 너무 비슷한 매물을 여러 개 보여주는 것은 피하라는 의미입니다. 아파트나 섹션오피스처럼 구조나 평형이 비슷한 매물일수록, 인테리어 상태나 구조, 조망권 등에서 차별점이 있는 매물들을 골라 비교해서 보여주는 것이 효과적입니다.

너무 비슷한 물건을 무작정 많이만 보여주면 고객의 고민도 깊어지고, 동시에 중개사에게 미안해진 고객이 자칫 요구사항을 제대로 전달하지 못하다가, 결국 다른 부동산 공인중개사 사무소에서 조금 더 비싼 물건으로 계약해버리는 경우도 생깁니다. 물건을 보여주기 전에 좋은 질문을 통해(유튜브 '집사임당 중개화법 1~5단계' 참고) 고객의 니즈를 충분히 파악하고, 적합한 매물을 추려 장단점을 비교하며, 중개사의 의견을 보태 고객의 선택을 돕는 것이 중요합니다.

저 역시 '클로징'이라는 과정은 아직도 어렵습니다. '할 듯 말 듯' 실랑이를 벌이다가 고객을 놓치면 정말 힘이 빠지곤 합니다. 본인만의 노하우나 영업 무기가 생길 때까지는 다음의 방법을 시도해보세요. 계약 성사율이 조금이나마 높아질 것입니다.

주택을 보여줄 때는 '컨디션별로 3가지'를 추천합니다.

- 처음 : 손님 예산보다 저렴한 집
- 중간 : 손님 예산에 딱 맞는, 가성비 좋은 집
- 마지막(주인공) : 예산을 살짝 초과하지만, 컨디션이 괜찮은 집

비슷한 컨디션의 매물을 3개 보여주는 것보다 컨디션이 확연히 다른 매물을 순서대로 보여주는 방식이 좋아요. 먼저, 낮은 컨디션의 집을 보여줘서 기대치를 낮춘 뒤, 마지막으로 좀 더 나은 집을 보여주면, 예산을 살짝 초과하더라도 그 집을 선택할 확률이 높아집니다. 왜냐하면 우리에게는 '대출'이라는 무기가 있기 때문이죠(그래서 자격증 공부를 할 때는 대출이 별로 중요해 보이지 않지만, 실무에서는 빠질 수 없는 부분입니다).

전액 현금만 가지고 계약을 한다면 큰 금액처럼 느껴지지만, 대출을 활용하면 1,000~2,000만 원 차이 정도는 월 이자로 계산했을 때 크게 부담되지 않을 수 있습니다. 그래서 집을 보면 볼수록 처음 생각했던 예산보다 점점 올라가게 되죠. 그렇기에 '① 기대치 낮추기 → ② 당신의 예산으로 구할 수 있는 집은 이 정도 수준임을 보여주기 → ③ 예산을 조금 더 써보면 이런 집도 가능함을 제안하기'의 전략을 사용해보세요!

가격 조율해주기

일반적으로 매도인(임대인)은 조금이라도 비싸게 거래하고 싶어 하고, 매수인(임차인)은 주어진 예산으로 원하는 수준의 매물을 찾기가 어려워합니다. 그러니 둘 사이에서 가격을 조정하는 일은 필수 업무이자, 이는 부동산 중개업자에게 요구되는 중요한 역량 중 하나이기도 합니다.

부동산 거래 경험이 많은 고객들은, 처음부터 물건을 내놓을 때 깎일 것을 예상하고 "조금 더 높게 가격을 책정해 광고해달라"고 요청하기도 합니다. 그만큼 가격 조정이나 옵션 추가 등은 협의로 충분히 가능하니, "그건 안 됩니다"라고 단정 짓지 말고 "한번 요청해보겠다"라고 말하며 고객을 잡아두는 것이 중요합니다.

예를 들어, 현재 있는 매물은 3억 뿐인데, 손님의 예산은 2억 5,000

만 원이라고 해서, 그 손님을 단칼에 돌려보내지 말라는 뜻이에요. 혹은 월세 3억/50만 원 조건의 매물을 갖고 있는데, 4억 원 이하 '전세' 매물을 찾는 손님이 왔을 때도 마찬가지입니다. 우선 임대인에게 보증금 조절(보증금 일부를 월세로 전환하는 등)이 가능한지 확인하고, 열려 있는 자세를 취해보세요. 상가 사무실 계약도 마찬가지입니다. 월세를 내리지는 못해도 옵션을 추가하거나 렌트프리(무상임대 기간)를 통해 월세를 인하시키는 것과 비슷한 효과를 줄 수 있습니다.

설령 조정이 안 된다고 해도, 여러 차례 가격 조정 시도를 해봐야 손님과 상담할 때 겁내지 않고 설득하는 방법을 익힐 수 있습니다. 또한, 이후 다른 손님을 응대할 때 "가격 조정을 시도해봤는데 이러이러해서 안 되더라"라는 식으로 자연스럽게 스토리를 풀어갈 수 있죠. 그리고 그때는 안 됐는데 시간 지나니 마음이 바뀌어서 되는 경우도 굉장히 많습니다. 결국은 이 부동산 가격도 고정값이 아닌 심리에 따라 바뀔 수 있는 가격이라는 거죠.

게다가 임대인(매도인) 입장에서도, 한 번도 연락이 없는 부동산 공인중개사 사무소보다 '조정은 안 됐지만 여러 번 전화해주고 매물을 거래하려고 노력해주는' 공인중개사에게 호감이 생기게 마련입니다. 오히려 미안한 마음까지 들 수 있거든요.

'부동산 계약량 = 부동산 통화량'이라는 말이 있을 정도로, 많은 소통을 해야 합니다. 그렇게 조정과 협의를 거쳐 계약이 이루어집니다. 또한 일부러라도 많이 전화하고, 많이 움직인다는 흔적을 남기세요. 그래야 고객에게 중개사가 얼마나 열심히 일하고 있는지 자연스럽게 알려줄 수 있습니다. 사실 많은 고객들은 우리가 얼마나 노력을 기울이는지 잘 모릅니다. 우리 역시 이 일을 하기 전에는 몰랐던 것처럼요.

가격 깎는 타이밍

매물가격을 조정하려면, 우선 중개사가 해당 지역의 시세 변동과 매물 증감의 흐름을 민감하게 파악하고 있어야 합니다. 만약 이 기본조차 모르는 상태에서 계약을 시도한다면, 그건 '노력 없이 욕심만 부리는 것'에 불과하죠. 그래서 내가 주력으로 다루는 중개 대상물들의 시세와 특성을 파악하는 일이 최우선입니다.

과거에 비해, 요즘은 중개업을 시작해 자리 잡기가 한결 수월해진 환경입니다. 인터넷을 조금만 뒤져봐도 주변 시세나 실제 거래가를 쉽게 확인할 수 있기 때문인데요, 예전에는 직접 여러 계약을 해봐야만 알 수 있었던 부분을 이제는 손품을 팔고 자료를 정리하면 충분히 파악할 수 있습니다.

- 실거래가 조회 : 국토교통부 실거래가 조회시스템
- 매물 호가 조회 : 네이버 부동산
- KB시세(아파트/오피스텔) : KB부동산
- 아파트 실거래조회 및 분석 서비스 : 아실, 호갱노노, 부동산지인
- 건물 실거래조회 및 분석 서비스 : 디스코, 밸류맵
- 각종 부동산 세금 예상: 부동산계산기.com
- 상권 분석 : 오픈업, 소상공인365

중개사로서 노련한 감각을 키우기 위해서는 먼저 매물의 특징과 적정 가격을 철저히 공부하는 것이 중요합니다. 이를 통해 '이 가격으로는 손님이 관심을 안 가지겠구나', '이 정도 컨디션과 가격은 시장에서 너무 비싸구나', '이 지역에서 이 가격으로는 거래가 어려울 수 있겠구나', '이 조건이면 금방 거래되겠구나'와 같은 시장 감각이 자연스럽게 쌓이게 됩니다.

매물이 처음 접수되었을 때, 제시된 가격이 시장 상황과 다소 차이가 있다고 느껴진다면, 그에 대해 부드럽게 의견을 전달할 수 있는 것도 중개사의 중요한 역량 중 하나라고 생각합니다. 예를 들어, '이 가격으로는 지금 시장에서 빠르게 거래되기는 어려울 것 같습니다'라고 설명하거나, 반대로 '굳이 이 가격까지 낮추지 않으셔도 될 것 같아요. 조금 더 높은 가격으로 시작해보고 반응을 본 뒤 조정해보시는 건 어떠세요?'와 같이 제안하는 것도 좋은 방법입니다.

다만, '이 가격은 당연히 안 되죠'처럼 고객의 재산 가치를 폄하하는 듯한 단정적인 표현은 피하는 것이 좋습니다. 경우에 따라서는 일단 매물을 접수한 후, 시장 반응을 지켜보는 것도 하나의 방법이 될 수 있습니다. 매물을 접수한 뒤에는 반드시 현장을 방문해 직접 확인하세요. 전화로 듣는 것만으로는 한계가 있으니, 현장에 나가 매물의 장점뿐만 아니라 단점이나 하자까지 꼼꼼히 체크하는 습관을 들여야 합니다.

만약 매물이 오랫동안 거래되지 않아 매도인(또는 임대인)으로부터 문의가 온다면, 이는 '가격 조정'을 제안할 수 있는 적절한 타이밍입니다. 이를 중개사가 '가격을 후려친다(?)'라고 오해할 필요는 없는 것이, 오히려 이는 시장 상황을 반영해 매도인을 돕는 과정에 가까워요. 실제로 거래가 이루어지지 않는다는 것은 조건에 비해 가격이 높다는 신호일 수 있기 때문입니다.

사실 수요가 있는 매물은 결국 나가게 되어 있습니다. 심지어 '이렇게 비싼 게 말이 되냐'라는 반응 속에서도 거래가 성사되는 것이 부동산 시장이에요. 반면, 거래가 이루어지지 않는 매물은 그만한 이유가 있기 마련입니다. 조건에 비해 가격이 높거나, 매력적인 요소가 부족할 수 있어요. 이런 경우에는 가격을 조정하거나 추가 옵션을 제공하는 등 현실적인 대응이 필요할 수 있습니다.

또한 성수기와 비수기 등 시장 흐름을 고려해, 매도인이 '조금 더 기다릴지', 아니면 '지금 가격을 조정할지' 결정하는 것은 결국 소유자의 몫입니다. 다만, 중개사는 이러한 시장 상황을 명확하게 설명하고, 고객이 상황에 맞는 결정을 내릴 수 있도록 돕는 역할을 해야 합니다.

결국 최종 결정은 고객이 내리는 것입니다. 이자가 조금 들더라도 기다리겠다는 선택도, 공실이 길어지거나 가격이 더 떨어지기 전에 처분하겠다는 판단도 모두 고객의 몫이에요. 하지만 우리는 마냥 기다리기만 해서는 안 되고 중개 전문가로서 시장을 정확히 읽고, 필요한 순간에 솔직한 제안을 드릴 수 있는 용기를 가져야 한다고 생각합니다.

저 역시 예전에는 "내가 '사도 된다'라고 해서 샀는데 가격이 내려가면 어쩌지?", "내가 '팔라'고 해서 팔았는데 가격이 오르면 어쩌지?"와 같은 걱정을 많이 했습니다. 하지만 현실적으로 부동산 시장이 어떻게 움직일지는 아무도 장담할 수 없습니다. 수많은 전문가도 틀리기 일쑤인 것을요. 만약 그런 흐름을 정확히 예측할 수 있다면, 이미 중개업이 아니라 전문 투자자로 나섰겠죠.

인터넷 기사를 보다 보면 중개사를 비난하는 댓글을 보게 되는 경우 역시 흔하지만, 결국 잘되면 자기 실력이고, 안 되면 누군가를 탓하고 싶어지는 게 사람 심리입니다. 위축될 필요 없이, 매 순간 고객이 좋은 결과를 얻기를 진심으로 바라며 최선을 다해 도와드리는 것, 그것이 우리가 할 일입니다.

중개사로서 성실·책임 의무를 다했음에도 불구하고, 단기적인 정책 변화나 금리 변동 등 우리가 통제할 수 없는 외부 요인으로 인해 고객이 손해를 보는 경우도 있습니다. 하지만 이런 상황까지 중개사가 모두 책임지려 한다면, 너무 부담스러워서 이 일을 지속해나가기 어려워집니다.

물론 부동산 업에 종사하는 사람으로서 시장을 읽는 안목을 기르고, 인플레이션과 자본주의 시스템에 대한 이해, 그리고 투자에 대한 건강한 방향성을 갖추려는 노력은 아주 중요해요. 하지만 중개사의 역할은 어디까지나 시장 상황을 정확히 전달하고, 현재 나온 매물 중에서 고객에게 적합한 조건을 선별해 추천하며, 계약 과정에서 문제가 발생하지 않도록 꼼꼼히 점검하는 데 있다고 생각합니다.

부동산 거래는 결국 생각의 차이에서 시작됩니다. 누군가는 '떨어질 것 같다'라고 생각하고, 또 누군가는 '오를 것 같다'라고 믿습니다. 이런 상반된 관점과 판단의 차이에서 부동산 거래가 이루어지는 것 입니다. 제 경우, 《부의 인문학(브라운스톤)》과 《돈의 심리학(모건 하우절)》이라는 책을 읽은 뒤 이런 부담도 줄어들고 부동산 시장을 바라보는 눈이 조금 더 키워졌어요. 또한, 토지이음 사이트의 도시계획 자료실에 각 지역별로 10년, 15년 후의 도시기본계획이 이미 나와 있으니 이런 자료를 참고하는 것도 도움이 됩니다.

나의 시간과 에너지는 한정적이다

부동산 업무를 처음 시작했을 때는 방문하는 모든 손님이 정말 귀하게 느껴졌어요. 하지만 일을 제대로 하기 시작하면 매물 임장과 촬영, 광고 작업, 기존 손님들 전화 및 미팅 등으로 하루 1분 1초가 부족할 정도로 바빠집니다(오히려 시장이 안 좋을수록 더 많은 손님에게 광고하고 접촉해야 해서 더 바쁘게 움직이게 되는 것 같아요).

이런 와중에 손님들 중에는 계약을 '진짜'로 할 만한 유효한 손님이 있는가 하면, 그저 구경만 하는 손님도 있습니다. 물론 사람을 미리 가려서 대하면 안 되겠지만(안 할 것 같던 손님이 갑자기 계약을 할 수도 있고, 반대로 당장 계약할 것 같던 손님이 잠적을 하는 경우도 있으니까요), 모든 손님에게 똑같이 무한정 정성을 쏟을 필요는 없다는 점은 기억해두는 것이 좋습니다. 누구에게든 친절하고 상냥한 태도를 유지하되, 내 시간과 에너지를 효율적으로 쓰기 위해서는 손님을 어느 정도 판별하는 '분별력'이 필요합니다.

찐 손님 구별하는 법

다음과 같은 질문을 통해 어느 정도 그 가능성을 파악해보세요.

첫째, 이사 예정일입니다.
유효한 손님인지 판별할 때 가장 중요한 질문 중 하나예요.

- 1~3개월 안에 꼭 옮겨야 한다 : 최대한 신경 써야 할 손님입니다.
- 시간 조율 가능, 여유 있음 : 너무 힘 빼면서까지 많이 보여줄 필요는 없어요.

특히 "1~2개월 안에 옮긴다"라는 사람에게는 지금 사는 집·상가·사무실을 내놨는지, 혹은 이미 계약이 된 상태인지를 꼭 물어보세요.

- 내놓은 상태라면 유심히 관리하며 신경 써줄 필요가 있어요.
- 계약까지 되었다면 이 사람은 더더욱 빠르게 결정해야 하므로, 적합한 매물을 최대한 찾아주고 계약까지 이끌어가는 게 좋아요.
- 아직 집을 내놓지도 않았다면, "이 매물들은 그때 되면 없거나 더 좋은 매물이 나올 수도 있으니 지금 미리 힘 빼지 마시고 일단 지금 사시는 집

을 내놓고 나갈 것 같을 때 그 시점에 나온 매물들을 보시는 게 더 좋다"라고 좋게 이야기합니다. 만약 "그래도 보고 싶다"라고 하시면 적당한 매물 1~2개 정도 보여주고 집 내놓으시면 다시 연락을 달라고 합니다.

단, '안 할 것 같다'라는 식으로 대놓고 제쳐두는 태도를 보이면 안 됩니다. 모든 사람에게 친절을 베풀되, 단호해야 할 때는 끌려다니지 않고 선을 그을 줄 알아야 합니다.

둘째, 이 지역에서만 찾는지의 여부입니다.
나의 부동산 공인중개사 사무소 근처나 내가 주로 취급하는 지역에 한정해서 구하는 손님이라면, 특히 신경 써주는 게 좋아요. 예를 들어, '회사와 가까운 도보 거리의 집'을 원하거나, '직원들이 이 근방에 많이 살고 대표도 가까이 살아서 그 인근에서 사무실을 구한다'와 같은 사정이라면 더욱 신경을 쓰시는 것이 좋아요.

반면, 지역 불문하고 매물을 구하는 손님은 가격대 편차도 크고, 여러 곳을 비교하는 탓에 내가 최선을 다해도 계약으로 이어지기 어려운 경우가 많습니다. 이런 경우에도 친절은 유지하되, 너무 많은 매물을 보여주느라 힘 빼지 마시고, 사무실 근처의 괜찮은 매물 1~2개 정도만 보여주고 이 지역의 장점을 어필하는 것을 추천합니다.

셋째, 매물을 볼 수 있는 날짜나 시간대입니다.

중개를 하다 보면, 주말이나 비 오는 날 오는 손님은 계약이 성사될 확률이 높다는 것을 알게 됩니다. 이유는 간단한데요, 이 시기에만 시간이 되는 손님들은 정말 급하거나 필요한 경우가 많거든요. 비가 오면 귀찮아서 약속을 취소하고 싶은 게 사람 마음인데, 그래도 비를 뚫고 온다는 건 진짜 필요하기 때문일 확률이 높아요. 또 주말밖에 시간이 안 되는 손님들은 또다시 시간을 내어 물건을 보기가 부담되기 때문에 온 김에 최대한 결단을 내리려고 합니다.

또 다른 사례로, 지방에서 기차표까지 끊어서 집 보러 올라오는 경우(혹은 반대의 경우) 역시 무조건 계약해서 내려보내야 한다는 각오로 정성을 쏟는 게 좋습니다.

넷째, 이 부동산 공인중개사 사무소가 몇 번째 방문인지 물어봐야 합니다.

매물을 보여주기 전에, "이 부동산에 처음 오셨나요? 다른 곳에서 이미 몇 군데 매물을 보셨나요?" 하고 물어보세요. 그리고 내가 보여주려는 매물 위치를 대략 설명한 뒤, 이미 봤던 물건인지 꼭 확인합니다. 막상 현장에 갔는데 "이건 이미 봤어요"라고 하는 경우가 생기면, 서로 시간만 낭비할 뿐만 아니라, 혹여 그 매물로 계약을 진행하더라도 먼저 보여준 부동산 공인중개사 사무소와 분쟁이 생길 수 있어요. 그러니 체크 후 보지 않은 매물 중 더 괜찮은 매물을 보여주는 게 좋습니다.

참고로, 손님은 마지막으로 방문한 부동산 공인중개사 사무소에서 계약할 확률이 가장 높아요. 이미 여러 곳을 돌아다니면서 정보를 수집한 상태이기 때문에 몸이 지치기도 했고, 마지막 방문한 중개사가 제안한 매물이 그 전보다 낫다고 느끼면 그 자리에서 결정을 내리고 싶어지기 때문입니다.

그래서 손님이 이전에 본 매물 중 어떤 점이 마음에 들지 않았는지 대화를 통해 꼼꼼히 파악하고, 이를 바탕으로 가장 적합한 매물을 추천하는 것이 중요합니다. 손님 입장에서 최선의 선택이 될 수 있도록 원하는 바를 잘 듣고 매물을 추천하면 계약으로 이어질 가능성이 훨씬 커집니다.

다섯째, 계약이 안 나오더라도 '이유'를 알아내고 끝내야 합니다.
브리핑 열심히 하고 매물 다 보여주고 나서도 갑자기 잠적하는 손님들이나 계약을 안 하는 손님들도 굉장히 많아요. 그런데 안 할 때 안 하더라도 꼭 마지막 연락은 하시는 것을 추천해요.

왜 안 하시는 것인지, 어떤 조건이 맘에 안 드시는 것인지 정중하게 물어보세요. '땡' 했다고 포기하지 말고 무조건 전화를 해보시고, 만약 전화를 안 받으시면 문자를 보내 이유를 '정중히' 물어보세요. 이유가 있다면 다른 매물을 다시 찾아드리든지 조율을 다시 해드리거나 아니면 납득하고 깔끔하게 미련을 버리든지 하는 것이 좋아요. 만약 다른 곳에서 계약했다면 어디서 무엇을, 얼마에 계약했는지(물론 조심스럽고 정중하게) 물어보시는 것이 좋습니다.

저 같은 경우는 제 매물을 다른 데서 계약했으면 어디서 계약했는지, 얼마에 거래되었는지 손님한테 꼭 물어봅니다. 물론 손님이 불편해하면 단념해야 하지만, 여태 조심스럽고 정중한 말투로 물어봤는데 말씀해주지 않으신 분들은 별로 없었어요.

이렇게 끝맺음을 지으면 '뒷빡(내 매물 공동중개로 봐놓고 손님 빼돌리거나 물건 빼돌리기)'을 방지할 수도 있고, 실제 거래된 가격을 파악해서 바로 그다음 손님한테 '저 매물 얼마에 나갔다'라고 브리핑하기도 좋습니다. 이도 저도 아니면, '그 계약한 부동산이 어떻게 마케팅했을까?' 검색이라도 한번 해볼 수 있어요. 이 모든 것이 다 내 실력 향상과 직결된다고 생각해보세요.

손님이 귀찮아할까 봐 걱정하지 말고 끈질기게 파고들어 파악하세요. 부동산 중개업을 하는 우리에게는 그 자체가 공부입니다. 제 경우, 10명한테 매물을 보여준다면, 그중 1명은 계약까지 연결되고, 4명은 본인이 원하는 조건을 구체적으로 다시 말합니다. 그리고 5명(반 이상)이 그냥 그대로 연락이 안 오는 경우가 많습니다. 그럼 무조건 다시 연락해서 왜 안 하시는 것인지, 뭐가 문젠지 꼭 파악하려고 합니다(사실 처음에는 10명 중 9명은 영문도 모른 채 그대로 놓치고, 얻어걸린 1명과 계약했죠. 이제는 그 중요성을 깨닫고 광고 → 문의 → 미팅 → 계약 각 단계의 전환되는 확률을 끌어올리려고 노력합니다).

여섯째, '나와 계약해야 고객에게 이득'임을 알려줍니다.

이건 제 '특급(?) 노하우'인데요, 저는 '수수료 중 일부는 돌려준다는 마음으로 중개한다'라는 원칙을 갖고 있어요. 다만, 수수료를 깎아주는 게 아니라, 선물 등 다른 형태로 '혜택'을 드리는 개념이죠.

예를 들어, 예전에 빌라 전세계약을 진행할 때 집주인이 냉장고 옵션을 넣어주긴 했는데, 집 규모에 비해 너무 작았어요. 그래서 제가 제 사비 10만 원을 더 보태서 조금 더 크고 잘 어울리는 냉장고를 넣어드렸습니다. 세입자도 만족했고, 집주인도 좋아하셔서 나중에 그 10만 원을 다시 돌려주셨어요.

또 다른 사례로, 전셋집을 찾는 손님이 두 곳을 놓고 고민하길래(한쪽은 가스레인지가 오래되었고, 다른 쪽은 블라인드가 없었음), "어느 집을 결정하시든 필요한 거 하나는 제가 해결해드리겠습니다"라고 말씀드렸더니, 그날 바로 저와 계약을 진행하셨어요.

물론 중개보수가 어느 정도 나오는 계약(200~900만 원)이었기에 가능했지만, 중개보수가 적으면 적은 대로 그 중개보수 범위 내에서 '일정 부분은 필요하시면 해드리겠다'라고 이야기했습니다.

원룸 월세계약을 진행할 때 "변기 테두리가 흔들리던데 집주인이 고쳐주실까요?"라고 묻는 손님에게 "집주인이 안 해주시면 제가 해드릴게요"라고 말한 후 그 자리에서 바로 계약까지 이끌었던 적도 있어요.

이런 식으로 일하다 보니, 많게는 일주일에 2~3건씩 계약이 나오기도 했고, 하루에 3건 계약을 한 적도 있습니다.

이런 영업 방식은 신축빌라 분양 팀에서도 흔히 볼 수 있어요. 손님을 끌기 위해 옵션으로 고급 냉장고나 명품 가방 등의 선물을 주는 기사를 한 번쯤은 본 적 있으실 거예요. 저는 그 정도 스케일은 아니지만, 원룸을 계약할 때 기존 세입자가 쓰던 책상이나 의자 등의 가구 등을 사서 다음 임차인에게 주는 등 뭐라도 도움이 되는 행위를 하려고 노력했습니다(물론 항상은 아니고 상황에 따라 필요하다 느껴지는 경우에 합니다).

이것은 상가·사무실을 포함한 상업용 부동산을 주력으로 중개하는 지금도 마찬가지입니다. 항상 10%는 돌려준다는 마음으로 하고 있습니다. 하다못해 사무실 매매계약을 한 뒤, 매수자한테 등기권리증을 갖다 드리면서 케이크를 사 가서 축하해드리고 온 적도 있어요. 오픈하시는 분들께 화분을 보내는 것은 너무나 당연하고, 중개와 계약에 도움을 주신 분들께 한우 세트나 스타벅스 기프티콘을 선물하는 일도 자주 있습니다. 나누는 마음으로 살면, 그것이 오히려 더 배가되어 돌아온다는 것을 알게 되었기 때문입니다.

도움 주고받을 아군 많이 만들기

아무리 유능한 사람이라도 모든 걸 혼자 해낼 수는 없습니다. 혼자 다 하려고 하면, 결국 할 수 있는 일의 범위는 한정될 수밖에 없고요.

공인중개사도 마찬가지입니다. 혼자서 하는 일처럼 보이지만, 사실은 수많은 사람들과 협업하며 관계를 맺는 직업이에요.

건물의 관리소장님, 인근 부동산 공인중개사 사무소 사장님, 법무사님, 세무사님, 인테리어 사장님, 심지어 입주지원센터 직원분들까지. 이분들과의 관계가 얼마나 중요한지는 현장에서 매번 체감하게 됩니다. 그래서 저는 언제나 매너를 지키고 진정성 있게 대하려고 노력합니다. 누가, 어떤 순간에 저에게 큰 도움을 줄지 모르기 때문이에요.

실제로도, 오가다 인사 나눈 인테리어 사장님께 매물을 받은 적도 있고, 입주지원센터 담당자님이 직접 매물을 연결해주신 일도 여러 번 있었어요. 자기 손님이거나 본인에게 문의가 온 상황에서도 저를 가장 먼저 떠올려 추천해주시더라고요.

결국, 좋은 아군이 많을수록 일이 더 순조롭게 풀리고, 기회는 생각지 못한 순간에 찾아옵니다. 사람과 사람 사이의 신뢰, 그것이 바로 중개 현장의 진짜 자산이라는 생각을 합니다.

법인 손님 꿀팁

 사무실이나 빌딩 사옥을 구하는 법인 손님의 경우, 보통은 대표가 처음부터 움직이지는 않습니다. 직원들이 발품을 팔아 여러 물건을 본 후 보고서를 올리면, 그중에서 대표가 최종 결정을 하곤 합니다.

 따라서 이럴 때는 그 실무자(직원)를 먼저 잘 보필하고 챙기는 것이 중요합니다. 일반 사기업이라면 "계약되면 선물 꼭 챙겨드릴게요" 정도로 마음을 표현하고 계약이 되면 조금이라도 물질적인 감사를 표현하는 것이 좋고, 공기업의 경우는 물질적인 것은 굉장히 보수적이기 때문에 이럴 때는 물질적인 것보다 '일 처리'를 정말 깔끔하고 정확하게 해주시는 게 좋습니다(공기업은 서류가 정말 많습니다).

 회사의 실무자들에게 사무실을 이전하고 사옥을 구하는 일은 커리

어에 한 번 있을까 말까 한 단발성 업무입니다. 따라서 아무리 큰 법인이어도 사옥 이전을 맡은 실무자들은 부동산 용어에 익숙하지 않고, '계약'에 대해서는 잘 모를 수 있습니다. 따라서 직원들의 많은 질문에 항상 친절히 설명해줘야 하고, 직원이 대표에게 보고하기 편하게 여러 매물 리스트를 비교한 보고서 등을 작성해주면 좋아요. 주소, 호수, 면적, 가격, 특징 등을 보기 쉽게 정리해서 만들어주면 실무자들이 직접 비교도 하고, 그 자료를 아예 대표에게 직접 보고하는 데 활용하기도 합니다. 실무자들이 하는 것보다 그 물건을 보여준 중개사인 제가 직접 하는 것이 훨씬 빠르고 효율적이며 정확합니다.

그런 업무를 대신해주는 게 중개사의 역할이자 중개 서비스라고 생각합니다. 그렇게 해서 저는 비교적 짧은 중개 경력에도 불구하고 약 1,600평(계약 면적 기준)의 공기업 사옥의 임대차계약도 할 수 있었어요. 그 당시에는 제가 정말 그 공기업의 직원이 된 것 같다는 착각이 들 정도로 몰입해서 열심히 일했습니다. 물론 노고를 인정받고 감사 인사를 들으며 중개보수도 법정한도 0.9%를 다 받았습니다.

물론 처음부터 대표가 오는 경우도 있어요. 비교적 규모가 작은 회사일 경우이며, 이때도 '내가 이 회사 직원 겸 비서다'라는 마음으로, 매물 브리핑 및 자료 정리를 해드리면 신뢰도가 올라가 이후 중개사를 믿고 맡겨주시는 경우가 많습니다.

끊임없이 배우고
움직여야 하는 중개업

겉으로 보기에 공인중개사는 사무실에 계속 앉아만 있는 것처럼 보여도, 눈과 손과 발은 쉴 새 없이 움직여야 합니다. 부동산 중개업은 하고자 하면 끝없이 일이 생기고, 아무 생각이 없으면 아무것도 할 게 없는 직업이기도 합니다.

하지만 내 시간과 에너지는 한정적이니, 유효한 손님과 그렇지 않은 손님을 적절히 구별하고 효율적으로 대응해야 합니다. 동시에, 누구에게나 정중하고 예의 바른 태도를 유지하는 것도 절대 잊지 마세요! 오늘의 가벼운 문의가, 내일의 계약으로 이어질 수도 있으니까요.

'가계약금'이라는 기술

중개를 하다 보면, 사람 마음이 얼마나 쉽게 바뀌는지 절감하게 됩니다. 어제까지 꼭 계약하겠다고 해놓고, 자고 일어나면 마음이 바뀌는 경우가 적지 않거든요. 이런 상황을 방지하기 위해 아주 조금이라도 가계약금을 받는 것이 좋습니다.

"단돈 5만 원을 걸더라도 가계약금이 걸려 있으면, 변하려다가도 다시 돌아온다."

어떤 특정한 이유 때문에 가계약, 즉 돈 걸기를 꺼리는 분이 있으면 그런 내용에 대해 조건부 가계약금 반환 특약을 넣어 진행하는 것도 좋은 팁이 됩니다.

예를 들어, '잔금이 언제까지 가능할지 모르겠다'라고 고민하는 사람한테는 시간은 주되, 마냥 주지 말고 '이번 주 내 알려주는 조건'을 특약으로 걸어 가계약금을 받았어요. 만약 '이번 주 내로 확답을 주지 못하는 상황이라면 가계약금을 돌려주는 조건'이니 가계약금을 거는 사람한테도 큰 부담은 없죠.

또한, 대출될지 안 될지 알 수 없어서 확인해봐야겠다는 분한테도 만약 대출이 안 나오면 가계약금을 조건 없이 반환하는 특약을 가계약 문자(또는 문서)에 넣어주고 가계약금을 걸게 했어요. 물론 조건부 가계약금 반환 특약은 매도인·임대인에게 동의를 받아야 하지만 질질 끄는 것이 아닌 일주일 이내의 짧은 시일을 요하는 정도라 대부분 동의해주셨어요.

이처럼 조건이 안 맞을 경우 가계약금을 돌려주기로 한 상태라면, 진짜 계약할 사람이 가계약금을 안 걸 이유가 전혀 없어요. 여기서 "그래도 좀 더 생각해볼게요"라며 한 발 빼는 분은, 사실 조건 때문이 아니라 다른 매물을 좀 더 보고 싶거나 아직 마음이 확실치 않은 경우가 많습니다.

가계약금이 클수록 계약이 깨질 염려는 줄어듭니다. 하지만 중요한 점은, 가계약이 단순히 변심을 막기 위한 장치일 뿐만 아니라, 계약의 효력이 발생하는 중요한 시작점이라는 사실입니다. 소유자의 신분 확인은 물론, 등기사항증명서를 꼼꼼히 검토해 물건에 하자가 없는지 확인하는 것은 가계약금을 보내기 전에 반드시 선행되어야 할 일입니다. 거래 상대방에게 소유자의 신분을 확인시켜주는 행위는 본계약 시 진행해도 되지만, 중개사인 나 스스로는 가계약금을 받을 당사자가 등기상 소유자 본인이 맞는지 확실히 확인해야 합니다.

실무를 하다 보면 가계약 단계에서 소유자를 직접 대면으로 확인하지 못하고 진행하는 경우도 종종 발생합니다. 이는 소유자가 사무소를 방문하지 않고, 전화로 매물을 내놓고 조건 조율도 모두 전화상으로 하는 경우가 있기 때문입니다. 이런 상황에서는 소유자라고 주장하는 분과 통화한 후, 계좌번호(반드시 예금주는 등기상 소유자명과 일치해야 함)를 받아 가계약금을 보내게 되는데, 이럴 때는 만약 상대방이 소유자가 아닐 경우 가계약금을 제가 책임질 각오로, 제 책임 범위 안에서 감당할 수 있는 금액만으로 가계약을 진행했습니다.

특히, 계약을 성사시키고 싶은 욕심에 잘 모르면서 둘러대거나, 중요한 사안을 고지하지 않은 채 가계약금을 걸게 하는 등의 무리수를 두는 행위는 절대 피해야 합니다. 이런 접근은 단기적으로는 계약을 잡아둘 수 있을지 몰라도, 장기적으로 신뢰를 잃고 계약 파기 등의 더 큰 문제를 초래할 수 있습니다.

이렇게 저는 개인 간의 거래나 주택 중개에서는 고객의 단순 변심을 방지하고 거래를 안정적으로 진행하기 위해 가계약을 적극적으로 활용하고 있습니다(상업용 부동산이나 법인 간의 거래에서는 가계약 없이 상호 신뢰를 바탕으로 진행하는 경우도 있어요).

가계약도 계약이기 때문에, 가계약이라고 해서 문자로 보내는 문구를 대충 쓰는 것이 아니라 실제 계약서에 준하는 수준으로 특약을 구체적으로 작성하고, 양측의 동의를 받고 진행하는 것을 원칙으로 삼아야 합니다. 또한 가계약금이 넘어간 날에는 해당 매물 광고를 모두 종료해야 하며, 매매계약일 경우 이 날짜를 기준으로 30일 이내 실거래가 신고도 반드시 해야 합니다.

계약일 기재와 관련된 실무 팁은 블로그에 자세히 정리해두었으니, 아래 QR코드를 참고해주세요.

〈집사임당 블로그〉
주소 : https://blog.naver.com/jibsaimdang/223867061586

가계약 문서 작성 시 주의사항

첫째, 두루뭉술하게 쓰면 안 됩니다.

가계약 문자(혹은 가계약서)를 쓰면서 '가계약금 ○만 원. 계약 시 정식 계약금 대체로 함' 정도로만 애매하게 적어두면 분쟁 발생 시 문제가 생길 수 있어요. 가계약서를 작성할 때는 물건지 정확한 주소, 거래 유형(매매, 전세, 월세), 거래가격, 계약·중도금 지급 액수 및 방법, 잔금 예정일(본계약 시 확정 가능), 구체적인 특약 등을 기재하세요.

해당 근거 1.

계약 성립을 위해 당사자 간 의사의 합치가 어느 정도로 이루어져야 하는지에 대한 대법원판결 중, 2001년 3월 23일 선고된 2000다51650 판결이 있습니다.

> **채권양도통지절차이행촉구**
> [대법원 2001. 3. 23. 선고 2000다51650 판결]
>
> 【판시사항】
> [1] 계약의 성립을 위한 당사자 사이의 '의사의 합치'의 정도
> [2] 당사자가 의사의 합치가 이루어져야 한다고 표시한 사항에 대하여 합의가 이루어지지 아니한 경우의 계약의 성립 여부(소극)
>
> 【판결요지】
> [1] 계약이 성립하기 위하여는 당사자 사이에 의사의 합치가 있을 것이 요구되고 이러한 의사의 합치는 당해 계약의 내용을 이루는 모든 사항에 관하여 있어야 하는 것은 아니나 그 본질적 사항이나 중요 사항에 관하여는 구체적으로 의사의 합치가 있거나 적어도 장래 구체적으로 특정할 수 있는 기준과 방법 등에 관한 합의는 있어야 한다.
> [2] 당사자가 의사의 합치가 이루어져야 한다고 표시한 사항에 대하여 합의가 이루어지지 아니한 경우에는 특별한 사정이 없는 한 계약은 성립하지 아니한 것으로 보는 것이 상당하다.

출처 : 대법원 종합법률정보

이 판결에서 대법원은 계약의 본질적 사항이나 중요 사항에 대한 구체적인 의사의 합치 또는 장래에 구체적으로 특정할 수 있는 기준과 방법 등에 관한 합의가 있어야 계약이 성립한다고 판시했습니다.

해당 근거 2.

대법원 2006년 11월 24일 선고된 2005다39594 판결은 부동산 매매에 있어 가계약의 효력과 계약 성립 요건에 대한 중요한 판시를 담

고 있습니다.

> **소유권이전등기**
> [대법원 2006. 11. 24. 선고 2005다39594 판결]
>
> 【판시사항】
> [1] 계약의 성립을 위한 당사자 사이의 '의사의 합치'의 정도
> [2] 부동산 매매에 관한 가계약서 작성 당시 매매목적물과 매매대금 등이 특정되고 중도금 지급방법에 관한 합의가 있었다면 그 가계약서에 잔금 지급시기가 기재되지 않았고 후에 정식계약서가 작성되지 않았다 하더라도 매매계약은 성립하였다고 본 사례
> [3] 해약금에 관한
> 민법 제565조 제1항의 '이행을 착수할 때까지'의 의미
>
> [4] 매매계약 당시 매수인이 중도금 일부의 지급에 갈음하여 매도인에게 제3자에 대한 대여금채권을 양도하기로 약정하고, 그 자리에 제3자도 참석한 경우, 매수인은 매매계약과 함께 채무의 일부 이행에 착수하였으므로, 매도인은
> 민법 제565조 제1항에 정한 해제권을 행사할 수 없다고 본 사례

출처 : 대법원 종합법률정보

부동산 매매에 관한 가계약서 작성 시 매매목적물과 매매대금 등이 특정되고, 중도금 지급 방법에 대한 합의가 있었다면, 비록 잔금 지급 시기가 기재되지 않았고 이후 정식 계약서가 작성되지 않았더라도 매매계약은 성립한 것으로 봅니다.

위 대법원 판례에서처럼 잔금 지급 시기가 명시되지 않았더라도 매매계약은 성립한 것으로 본 사례가 있습니다. 그러나 실제로 잔금 지급 시기를 구체적으로 명시하지 않으면, 당사자 간의 생각 차이로 인해 분쟁이 발생할 가능성이 있습니다. 따라서, 정확한 날짜는 본계약에서 기재하더라도 가계약 단계에서는 대략적인 시점(예 : **년 **월 이내 잔금 지급)을 명시해두는 것이 바람직합니다.

둘째, 해약금 또는 위약금에 대한 명시가 분명히 있어야 합니다.

가계약 문자를 작성하거나 문서를 준비할 때는, 가계약금(계약금의 일부)을 해약금으로 간주한다는 내용을 반드시 포함해야 하며, 계약 당사자 모두가 이 점을 충분히 인지한 상태에서 진행해야 합니다. 만약 이런 약정이 명시되지 않는다면 가계약을 활용하는 것이 오히려 불필요한 분쟁을 초래할 수 있으니 주의해야 합니다. 다음의 3가지 문장을 꼭 넣는 것을 추천합니다.

- 다른 약정이 없는 한 임대인은 가계약금의 배액을 상환하고, 임차인은 가계약금을 포기하고 계약을 해제할 수 있고, 계약 체결 후 임대인, 임차인 어느 한쪽이 계약 불이행하는 경우는 가계약금을 위약금 및 손해배상액의 예정으로 본다.
- 가계약의 효력은 가계약 체결일로부터 본계약이 체결될 때까지 유효하다.
- 본 가계약은 임대인·임차인에게 위 부과조건이 기록된 본 가계약 내용의 문자를 핸드폰으로 발신해서 동의를 받고, 가계약금은 온라인 송금한다.

* 매매계약인 경우 임대인→매도인, 임차인→매수인으로 수정해서 사용하세요.

해당 근거

대법원 2022년 9월 29일 선고된 2022다247187 판결은 임대차계약 교섭 단계에서 지급된 가계약금의 반환 여부에 대한 중요한 법적 판단을 제시하고 있습니다.

> **대법원 2022. 9. 29. 선고 2022다247187 판결**
> [임차보증가계약금반환] [미간행]
>
> **【판시사항】**
> 가계약금에 관하여 해약금 약정이 있었다고 인정하기 위한 요건
>
> **(중략)**
>
> **【이 유】**
> 상고이유를 판단한다.
> 1. 피고 1에 대한 손해배상청구 부분
> 소액사건심판법 제2조 제1항, 소액사건심판규칙 제1조의2에서 정한 소액사건에 해당하는 사건에 대하여는 소액사건심판법 제3조가 정하는 사유가 있는 경우에 한하여 대법원에 상고를 제기할 수 있다. 그런데 소액사건임이 분명한 이 사건에서 상고이유로 내세우고 있는 사유는 위 법 제3조가 정한 상고허용사유에 해당하지 아니하므로 적법한 상고이유가 되지 못한다.
> 2. 피고 2에 대한 청구 부분
> 가. 가계약금에 관하여 해약금 약정이 있었다고 인정하기 위해서는 약정의 내용, 계약이 이루어지게 된 동기 및 경위, 당사자가 계약에 의하여 달성하려고 하는 목적과 진정한 의사, 거래의 관행 등에 비추어 정식으로 계약을 체결하기 전까지 교부자는 이를 포기하고, 수령자는 그 배액을 상환하여 계약을 체결하지 않기로 약정하였음이 명백하게 인정되어야 한다(대법원 2021. 9. 30. 선고 2021다248312 판결 참조).

출처 : 대법원 종합법률정보

가계약금에 관해 해약금 약정이 있었다고 인정하기 위해서는 (중략) 정식으로 계약을 체결하기 전까지 교부자는 이를 포기하고, 수령자는 그 배액을 상환해 계약을 체결하지 않기로 약정했음이 명백하게 인정되어야 한다.

셋째, 문자가 길다면 A4용지를 활용해도 좋습니다.

가계약 문자가 너무 길어질 것 같으면, A4 용지에 내용을 정리하고 출력한 뒤 그 문서를 사진으로 찍어서 보내는 방법도 있어요.

넷째, 가계약금은 계약금의 일부인 것을 명확히 합니다.

부연 설명을 통해 이 가계약금이 계약금의 일부이자, 위약금의 성격을 가진다는 점을 명확히 합니다.

[부동산 가계약서] 본계약에 준하는 계약서

- 부동산의 표시 : 경기도 안양시 동안구 관양동 *** 103동 601호
- 전세계약 : 보증금 3억 5,000만 원
– 계약금 : 3,500만 원
– 잔금 : 3억 1,500만 원
- 계약기간 : 2년(잔금일 : 2024.06.30. 이내 본계약 시 협의)
- 가계약금(계약금의 일부) : 200만 원
- 본계약 체결일 : 차주 내 협의
- 임대인 인적 사항 : 유병재
주민등록번호 : 880506–*******
- 임차인 인적 사항 : 차은우
주민등록번호 : 970330–*******
- 임대인 계좌번호 :
기업은행 010–0999–876325 (예금주 : 유병재)
- 거래약정내용(특약) :
★ 오늘(2024.04.21) 가계약금(계약금의 일부) 200만 원 입금 후 본계약 시 나머지 계약금 3,300만 원을 입금하기로 한다.

0. 현 시설물을 임차인과 중개사가 함께 확인했으며 옵션 등 확인한 상태로 계약한다.
1. 옵션 : 붙박이장, 인덕션, 냉장고, 시스템에어컨 등이며, 임차인의 과실로 파손 시 원상복구함
2. 애완동물 금지, 실내 흡연 절대 금지
3. 현재 등기사항증명서상 **은행 채권최고액 ****원 설정되어 있으며 잔금일의 주말을 제외한 익일까지 계약일 현재의 등기부상 추가 권리설정 없어야 함.
4. 임차인은 만기 퇴실 최소 2개월 전에 연장 유무를 알려주기로 하며, 다음 계약을 위한 중개행위에 적극적으로 협조하기로 한다.
5. 임차인은 만기 전 퇴실 시 새로운 임차인을 구하고 임대인 중개수수료는 현 임차인이 부담한다.
6. 기타사항은 민법 임대차보호법 및 주택임대차보호법에 따르기로 한다.

- 다른 약정이 없는 한 임대인은 가계약금의 배액을 상환하고, 임차인은 가계약금을 포기하고 계약을 해제할 수 있고, 계약 체결 후 임대인, 임차인 어느 한쪽이 계약 불이행하는 경우는 가계약금을 위약금 및 손해배상액의 예정으로 본다.
- 가계약의 효력은 가계약 체결일로부터 본계약이 체결될 때까지 유효하다.
- 본 가계약은 임대인·임차인에게 위 부과조건이 기록된 본 가계약내용의 문자를 핸드폰으로 발신해서 동의를 받고, 가계약금은 온라인 송금한다.

우리나라 민법은 '낙성(諾成)·불요식(不要式)' 계약 원칙을 갖고 있습니다. 즉, 당사자 간 의사 합치만 있으면 반드시 서면계약서를 작성하지 않아도 계약이 성립될 수 있다는 뜻입니다. 다만, 뭐든지 증거를 남겨두는 것이 분쟁 예방과 권리 보호를 위해 중요하기 때문에 가계약 문자를 활용하는 것이기도 합니다. 구두로 계약이 성립되었다고 주장하더라도, 향후 분쟁이 발생했을 때 이를 입증하기 어려울 수 있기 때문입니다.

따라서 계약 내용을 서면으로 작성하거나, 최소한 문자나 이메일 등으로 의사를 확인한 기록을 남겨두면 그 자체로 계약의 효력이 있기 때문에 중간에 변심으로 계약이 깨질 확률이 크게 줄어듭니다. 또한, 본계약 수준으로 꼼꼼한 특약사항이 들어가 있기 때문에, 실제 계약 당일에는 문자로 주고받은 가계약서(특약) 내용을 그대로 복사해서 정식계약서에 기재하면 되므로, 업무 처리도 훨씬 간편해집니다.

참고로, 임대차계약의 특약은 계약 기간 동안 발생할 수 있는 다양한 상황을 포함하다 보니 상대적으로 길어질 수 있습니다. 반면, 매매계약은 계약일 현재의 상태를 기준으로 체결되기 때문에 특약이 간단한 경우가 더 많습니다. 이러한 점을 참고해 업무에 적절히 활용하시기 바랍니다!

CHAPTER 02

중개사가 알아야 할 관행적인 내용

임대 기간

민법에서 상가건물임대차보호법과 주택임대차보호법을 공부할 때, 다음과 같이 최단 존속 기간이 보장된다는 내용을 배우게 됩니다.

• **주택임대차보호법**
기간을 정하지 않았거나, 2년 미만으로 정한 임대차는 그 기간을 2년으로 본다. 다만, 임차인은 2년 미만으로 정한 기간이 유효함을 주장할 수 있다.

• **상가건물임대차보호법**
기간을 정하지 않았거나, 1년 미만으로 정한 임대차는 그 기간을 1년으로 본다. 다만, 임차인은 1년 미만으로 정한 기간이 유효함을 주장할 수 있다.

즉, 법적으로는 주택은 2년, 상가는 1년을 '기본계약 기간'으로 보는 거죠.

그럼에도 실무에서는 주택·상가·사무실 모두 기본 2년이라고 생각하는 것이 더 좋습니다. 왜냐하면 임대인들은 대체로 1년 계약을 선호하지 않기 때문이에요. 1년 뒤에 공실이 생기면 새 임차인을 구해야 하고, 중개보수 부담도 생기니까요.

결국, 임차인이 1년을 원해도, 임대인이 동의하지 않으면 그 계약은 성립되지 않습니다. 특별한 사정(예 : 1년 뒤 무조건 임대료를 올릴 계획 등)이 없으면, 많은 임대인들이 2년 계약을 원해요. 그러므로 매물을 접수할 때도, '1년 계약이 가능한지' 미리 확인하는 것이 좋고, 임차인에게는 우선 '기본 2년'임을 안내해주세요. 만약 임차인이 꼭 1년을 원한다면, 그때 다시 임대인에게 확인 후 계약을 진행하면 됩니다.

단기계약

> • 주택임대차보호법
> 제11조(일시사용을 위한 임대차) 이 법은 일시 사용하기 위한 임대차임이 명백한 경우에는 적용하지 아니한다.
>
> • 상가임대차보호법
> 제16조(일시사용을 위한 임대차) 이 법은 일시 사용을 위한 임대차임이 명백한 경우에는 적용하지 아니한다.

　원룸이나 상가·사무실을 찾는 분 중에는 간혹 단기계약을 원하는 경우가 있습니다. 하지만 실제로 가능한 매물은 비율적으로 많지 않습니다. 법조문상 임차인은 '2년(주택) 또는 1년(상가) 미만'으로 정한 기간을 유효하게 주장할 수 있으나, 실제로 그렇게 승낙하는 임대인은 많지 않기 때문이죠.

물론 공실로 방치하느니 단기임대라도 주겠다고 생각하거나 추후에 매매하기 편하려고 단기 임차인을 받으려는 임대인도 있긴 합니다. 예를 들어, 상가의 경우 깔세(한 번에 일시불로 월세를 지불)로 주거나, 고시원처럼 1개월 치 보증금만 받아두고 원룸처럼 단기로 임대하는 경우도 종종 있어요. 그러나 대부분의 임대인은 단기계약을 선호하지 않습니다.

단기계약 시 주의할 점

단기계약에서는 임차인이 짐만 놔두고 연락이 끊기는 사례(야반도주 등)가 실제로 발생할 수 있어요. 이런 상황은 보증금은 낮고 월세가 높은 계약에서 자주 발생하는데, 임차인이 계약에 대한 책임감을 상대적으로 덜 느낄 가능성이 있기 때문입니다. 임차인이 월세를 밀리고 연락이 두절되었다고 해서 집주인이 임의로 문을 열고 세입자 짐을 빼는 것은 법적으로 문제가 될 수 있습니다. 따라서 여러 가지 특약을 통해 안전장치를 해두는 것이 좋습니다.

계약서를 작성할 때 특약사항에 다음과 같이 명시하는 것이 좋습니다.

> "본건은 일시 사용(예 : 2025.01.01~2025.03.31)이 명백한 단기계약으로, 임차인은 2025.03.31까지 퇴거해야 하며, 이를 지키지 않아 발생되는 모든 손해에 대해 임대인은 임차인에게 손해배상을 청구할 수 있다."

특약 문구는 상황에 따라 다를 수 있지만, 보증금이 적은 단기계약의 경우에는 임차인의 신용과 신원을 철저히 확인해서 특약 문구도 단호하고 분명하게 작성하는 것이 좋습니다. 그래야 추후 분쟁을 예방하고, 계약 취지(일시사용 목적)에 부합하는 임대를 진행할 수 있습니다. 비상연락망으로 계약하는 임차인의 지인이나 가족의 연락처를 추가로 기재하는 것도 도움이 됩니다.

대리인이 대신 계약하는 경우

"FM(원칙)을 알고서 융통성 있게 일하는 것은 능력이지만, FM 자체를 모르는 초보는 애초에 융통성을 논할 단계가 아니다."

부동산 중개를 하다 보면, 계약 당일에 대리인이 대신 오는 경우가 굉장히 많습니다. 당연히 누군가 작정하고 사기를 치는 일은 흔치 않지만, 어쨌든 우리는 부동산 중개를 '업'으로 하는 사람들이기에 일반인보다 사기꾼을 접할 확률이 더 높은 편입니다. 그러므로 늘 경계심을 가져야 해요.

또, 단순히 사기 위험뿐만 아니라, 평소엔 문제없이 넘어가더라도 계약이 틀어지면 그때 가서야 '아차!' 싶었던 요소들이 발목을 잡습니다. 이런 일은 없었으면 좋겠지만, 계약자 중 어느 한쪽이 변심해서 계약을 파기하고 싶을 때나 중개보수를 깎으려고 할 때, 열이면 열, 중개사의 과실을 들 것입니다. 이때 위임장에 관한 이야기도 많이 언급하기 때문에 애초부터 이런 꼬투리 잡힐 일을 만들지 않는 것이 중요합니다.

대부분의 경우, 소유자가 계약일에 직접 참석하는 편입니다. 하지만 지방에 거주하는 투자자이거나, 일반건축물(다가구주택, 근생빌딩 등) 내에 호실이 많아 주기적으로 거래가 이루어지는 원룸, 상가, 사무실 매물의 경우는 소유자가 매번 직접 참석하기 어려운 상황이 많습니다. 특히, 대형건물의 경우에는 소유자로부터 위임을 받은 관리인이 계약을 대신 진행하는 일이 흔합니다.

주택은 상황이 조금 더 다양합니다. 등기상 소유자가 아닌 배우자나 자녀, 부모, 친인척 등 가까운 가족이나 대리인이 계약을 진행하는 경우도 자주 볼 수 있습니다. 매물의 종류와 소유자의 상황에 따라 계약 방식이 달라질 수 있으니, 이를 염두에 두고 준비하는 것이 중요하며, 원칙은 위임장을 받아서 해야 합니다.

이처럼 매물의 특성과 소유자의 상황에 따라 계약 진행 방식이 달라질 수 있으니, 이를 염두에 두고 거래 준비를 하는 것이 중요합니다.

매도인·임대인 측 대리인인 경우(돈을 받는 쪽)

계약 시, 매도인·임대인 측 대리인이 나온다면 꼭 위임장을 받아야 합니다. 간혹 부부나 부모·자식 관계라, 가족관계증명서·신분증·도장을 가지고 와서 설명하고, 전화로 소유자와 통화한 녹음을 남기는 정도로 대신하는 경우도 있지만, 보증금이 큰 임대차계약이거나 매매계약이라면 반드시 위임장을 챙기는 것이 안전합니다.

원칙에 따라 꼼꼼히 서류를 갖추고 절차를 밟아두면, 나중에 '중개사 과실'이라는 말이 나올 만한 문제의 소지를 원천적으로 차단할 수 있습니다. 계약서상의 사소한 한 줄, 혹은 녹음 파일 하나가 커다란 분

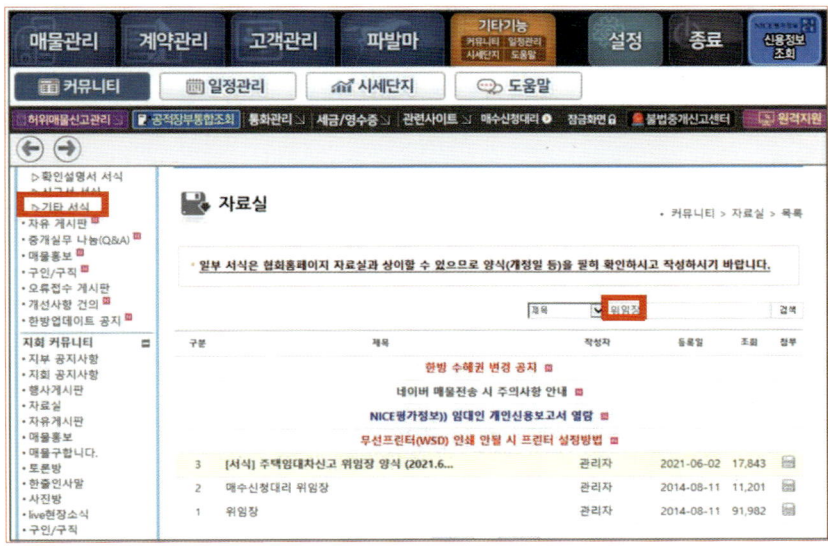

출처 : 한방 프로그램

쟁을 예방할 수 있으니, FM을 먼저 충분히 숙지하고 거기에 맞춰 융통성 있게 대응하는 것이 바람직합니다.

한방 프로그램을 사용하면, '기타서식' 메뉴의 검색란에 '위임장'이라고 입력해 관련 양식을 찾을 수 있습니다. 위임장뿐만 아니라 다양한 양식이 자료실에 있으니, 필요한 문서를 다운받아 수정 후 사용하시면 됩니다.

또한, 보증금이 500~1,000만 원 이하로 비교적 소액인 월세 계약의 경우, 중개사의 일방대리로 계약을 진행하는 일이 종종 있습니다. 전화 통화만으로 소유자나 임대인의 의사를 확인하고, 중개사가 대리 계약을 체결하는 식이죠. 그러나 원칙은 거래금액이 소액이어도 대리계약이라면 위임장을 받아야 한다는 점, 꼭 기억해두세요.

TIP

위임장을 아직 받지 못한 상황에서 대리계약을 진행해야 한다면, 보증금이 적은 계약에 한해 소유자와 유선으로 통화해서 계약 내용에 대한 동의를 받은 후(문자로 계약서 사진 찍어 전송 후 동의받기), 계약을 진행하기도 합니다. 다만, 최소 잔금 지급 전까지는 소유자를 직접 대면해서 신분을 확인하고 계약서에 직접 추인을 받는 절차를 거치는 것이 안전합니다.

매수인·임차인 측 대리인의 경우(돈을 주는 쪽)

원칙적으로 매수인이나 임차인의 대리인도 위임장을 준비하는 것이 바람직합니다. 다만 실무에서는 돈을 지불하는 쪽이라는 점에서 '사기를 치거나 문제가 발생할 가능성이 작다'라는 인식이 있어, 유선 통화나 문자로 확인하는 등 상대적으로 융통성 있게 처리되는 경우가 많습니다.

그러나 계약 후 월세가 연체되거나 잔금 지급이 이루어지지 않는다면, 결국 피해를 보는 쪽은 매도인이나 임대인이기 때문에, 돈을 지불하는 쪽이라 하더라도 신원이나 신용을 확인하는 것이 중요합니다. 더욱이, 위임장 없이 계약을 진행했다가 계약 당사자가 "나는 이 조건과 상황을 충분히 이해하지 못했고, 계약을 원치 않는다. 게다가 위임장도 없었으니 이 계약은 무효다"라고 주장할 경우, 상황이 매우 복잡해질 수 있습니다.

따라서, 대리인이 계약을 진행할 경우, 매수인이나 임차인 쪽이라 하더라도 위임장을 받아 진행하는 것이 가장 안전합니다. 만약 계약일에 위임장을 받을 수 없다면, 계약 후 잔금 지급 전까지라도 위임장을 받거나 계약 당사자로부터 추인을 받는 것이 좋습니다. 이렇게 하면 계약의 확실성을 높이고, 추후 발생할 수 있는 분쟁을 효과적으로 예방할 수 있습니다.

Q. 대리인 계약 시 필요한 추가 서류는 무엇인가요?

A. 대리인의 자격을 증명하기 위해 반드시 위임장(본인 인감증명서 상의 인감도장 날인), 본인 발급 인감증명서, 대리인의 신분증을 받아야 합니다.

- 위임장 : 위임받은 내용을 명시한 문서로, 위임한 본인의 인감증명서상의 인감도장이 날인되어 있어야 합니다.
- 소유자의 인감증명서 : 위임장에 사용된 인감이 본인의 것임을 증명하기 위한 필수 서류입니다(위임장에 인감증명서 대신 본인 서명을 했다면 본인서명사실확인서로 대체 가능).
- 대리인 신분증 : 위임장에 적힌 대리인의 신분을 확인하기 위해 대리인 신분증이 필요합니다.

Q. 위임장과 인감증명서 원본은 보통 누가 보관하나요?

A. 위임장과 인감증명서 원본은 거래 상대방에게 교부해야 합니다. 대리인은 위임장과 인감증명서 원본이 없어도 피해를 입을 가능성이 크지 않지만, 거래 상대방은 대리인의 권한 여부를 검토하거나 책임을 묻기 위해 해당 서류의 원본이 필요합니다.

따라서 위임장과 인감증명서 원본은 거래 상대방에게 교부하고, 공인중개사나 대리인은 사본(원본대조필)을 보관하는 것이 공평의 원칙이나 문서의 존재 이유에 비추어 볼 때 타당하다는 것이 변호사들의 일관된 견해입니다.

이와 같이 위임장을 비롯한 계약 서류를 꼼꼼히 챙기고 절차를 준수하면, 추후 발생할 수 있는 분쟁을 미연에 방지할 수 있습니다. '원칙을 알고 상황에 맞춰 융통성 있게 대응하되, 기본적인 서류는 반드시 챙겨야 한다'는 것을 꼭 기억해주세요.

계약금은 10%가 기본!
가계약금은 계약금의 10%

계약금의 금액은 양측 당사자들이 협의하기 나름이지만, 통상 매매가격(또는 보증금)의 10%가 가장 보편적인 비율입니다. 계약금을 너무 적게 받으면 계약이 깨질 가능성이 커지고 거래 안정성도 떨어집니다. 그렇기 때문에 아무리 적게 받아도 최소 5% 이상의 계약금은 받아야 합니다. 만약 계약하는데 매수인 또는 임차인이 대출을 받게 되면 은행에서도 최소 5% 이상의 계약금을 이체했다는 영수증을 요구하니 참고하세요.

가계약금은 보통 계약금의 10%, 즉 거래가액(매매가격 또는 보증금)의 약 1% 수준으로 잡습니다. 하지만 실제로는 거래 형태에 따라 조금씩 다를 수 있어요.

예를 들어, 5억 원짜리 아파트를 매매한다고 가정하면 계약금은

10%인 5,000만 원, 가계약금은 500만 원 정도가 됩니다. 물론, 상황에 따라 500만 원이 아닌 300~400만 원 정도로 조정할 수도 있어요. 예를 들어, 고객이 마음에 들어서 가계약을 하고 싶다고 하는데, 당장 이체할 수 있는 현금이 400만 원밖에 없다고 하면, 그 정도는 융통성 있게 하시라는 의미입니다. 가계약금이 법으로 정해진 %가 있는 것은 아니니까요.

반대로 보증금 1,000만 원에 월세 60만 원짜리 상가 임대 매물에 대해 가계약을 진행한다고 해볼게요. 이 경우, 보증금 1,000만 원의 10%인 100만 원이 계약금이고, 가계약금은 10만 원 정도가 됩니다. 그런데 생각해보면, 월세 60만 원짜리 계약인데 가계약금 10만 원은 포기하기 쉬운 상대적으로 만만한 금액입니다. 만약 비슷한 조건의 보증금 1,000만 원에 월세 55만 원짜리 매물이 나온다면, 월세가 더 낮은 매물이 더 매력적일 테고, 가계약금 10만 원 정도는 포기해도 그만이니까요.

그래서 작은 상가나 사무실 월세 계약의 경우에는 가계약금으로 계약금의 10%를 전부 받고, 실제 계약일에는 계약서에 도장만 찍는 경우도 흔합니다. 그래서 이럴 때는 가계약도 계약에 준하는 수준으로 꼼꼼하게 등기사항증명서 확인, 소유자 신분 확인, 특약 확인 후 진행해야 합니다. 가계약금액은 법적으로 정해진 것은 없으니 상황을 파악해 그에게 맞게 조처를 하면 됩니다.

CHAPTER 03

일반계약서 작성하기

한방 프로그램

부동산 일반 계약서에는 특정한 법적 양식이 정해져 있지 않습니다. 주택임대차계약에서는 국토교통부와 서울시가 만든 주택임대차 표준계약서 사용이 권장되긴 하지만, 법적으로 의무 사항은 아니어서 널리 사용되지는 않습니다.

지역마다 알터, 텐, 날개, 렛츠 등 다양한 공동중개망이 제공하는 계약서 양식을 활용하는 중개사도 많습니다. 오피스빌딩이나 대형 중개법인은 변호사 검토를 거친 자체 계약서를 사용하는 경우도 있습니다.

이처럼 법적으로 특정 계약서 양식을 반드시 사용해야 하는 것은 아니며, 자유로운 형식이 허용됩니다. 다만, 어떤 계약서 양식을 쓰든 계약 당사자 간 합의한 내용을 명확히 기재해 분쟁을 예방하는 것이 중요합니다.

   이 책에서는 공인중개사들이 널리 사용하는 '한방 프로그램'을 통해 계약서와 중개 대상물 확인서를 작성하는 방법을 쉽고 자세히 안내하고자 합니다.

   참고로, 부동산 일반계약서는 자유 양식이지만, 중개 대상물 확인·설명서는 법정 서식으로 정해져 있습니다. 또한, 민간임대주택 임대차 계약의 경우 표준임대차계약서 사용이 의무입니다. 이에 대한 내용은 다음 장에서 설명드리겠습니다.

일반계약서 작성

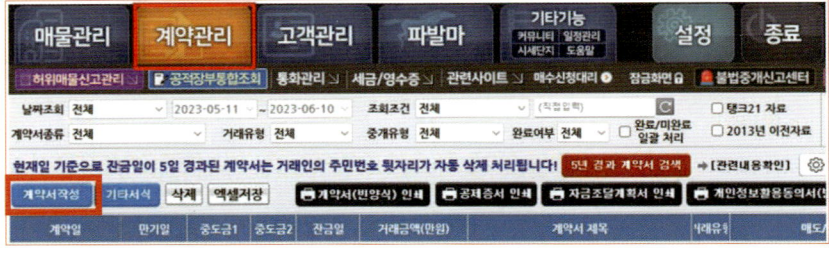

출처 : 한방 프로그램

한방 프로그램의 계약 관리 메뉴에서 '계약서 작성' 버튼을 누르면 계약서 입력창이 나타납니다. 방법은 매우 간단합니다. 직접 진행해보면 자연스럽게 익힐 수 있지만, 처음 사용하시는 분들을 위해 자세히 설명해드리겠습니다.

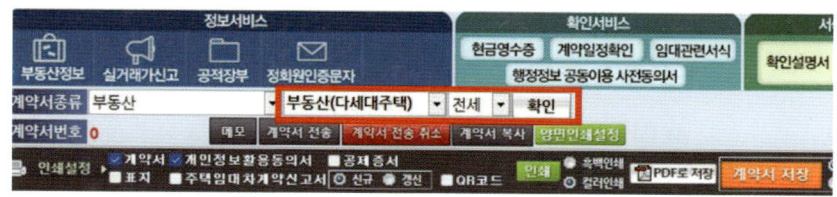

출처 : 한방 프로그램

본인의 계약 내용에 맞는 계약서를 선택한 뒤, 계약 형태를 지정하고 확인 버튼을 눌러 진행합니다.

부동산의 표시

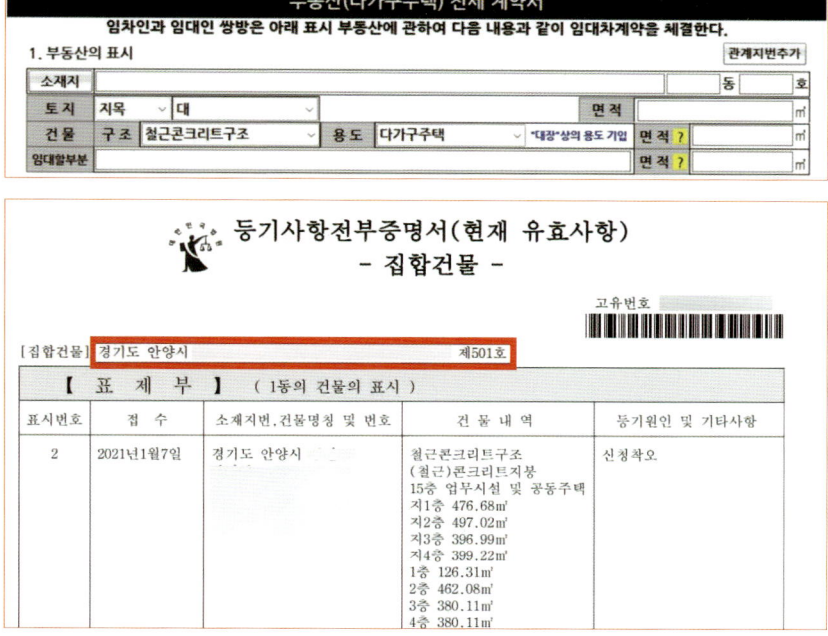

출처 : 등기사항증명서(저자제공)

CHAPTER 03. 일반계약서 작성하기 69

소재지

소재지는 등기사항증명서에 기재된 주소를 그대로 작성합니다. 계약하는 물건의 소재지 파악만 명확하면 되기 때문에 건축물대장 또는 토지대장의 주소를 기재해도 무방하나 등기사항증명서의 주소를 기재하는 것이 일반적입니다.

소재지의 토지가 두 필지 이상일 경우, 각 토지의 지번을 모두 기재해야 하며, 필지가 많아 모두 적기 어려운 경우에는 '별지'를 첨부해 작성할 수 있습니다.

또한, 여러 호실을 계약할 경우 원칙적으로 각 호실별로 개별 계약서를 작성해야 합니다. 다만, 임대인과 임차인이 동일한 경우(예 : 201, 202, 203호 모두 A 소유, B가 전부 임차)에는 한 장의 계약서에 모든 호실을 기재해도 무방합니다. 계약서에도 호실 그대로 201~203호, 또는 201, 202, 203호 등으로 명확하게 표기하면 됩니다.

토지

토지에 관한 내용을 적는 칸으로, 토지대장을 참고합니다(사실 토지대장을 참고하는 것이 정석이긴 하나 토지이음 사이트에서 토지이용계획확인서를 보고 적는 것이 훨씬 편합니다). 집합건물의 경우 등기사항증명서에서도 확인이 가능합니다(일반·건축물이나 토지의 경우는 토지등기 참고).

토지이용계획확인서

출처 : 토지이음

등기사항증명서(집합건물인 경우)

	(대지권의 목적인 토지의 표시)				
표시번호	소 재 지 번	지 목	면 적	등기원인 및 기타사항	
1	1. 경기도 안양시 ...	공장용지	24777.6㎡	2022년1월26일 등기	

출처 : 저자 제공

대지권

【 표 제 부 】 (전유부분의 건물의 표시)				
표시번호	접 수	건물번호	건 물 내 역	등기원인 및 기타사항
1	2020년11월13일	제5층 제501호	철근콘크리트구조 78.15㎡	
(대지권의 표시)				
표시번호	대지권종류		대지권비율	등기원인 및 기타사항
1	1 소유권대지권		660분의 12.09	2020년10월21일 대지권 2020년11월13일 등기

출처 : 저자 제공

대지권에 관한 내용은 집합건물 등기사항증명서의 [표제부] 마지막 항목인 '대지권의 표시'에서 확인할 수 있습니다.

대지권이란?

대지권은 집합건물(예 : 아파트, 오피스텔)에서 건물이 지어진 땅에 대한 권리를 의미합니다. 집합건물은 하나의 큰 땅 위에 여러 사람이 각자 소유한 방이나 호실을 나누어 가지는 구조이기 때문에, 해당 땅도 함께 나누어 가진다고 이해하시면 됩니다.

예를 들어, 아파트 한 동이 넓은 땅 위에 지어졌다면, 아파트 소유자들은 각자의 집 크기에 비례해 땅을 나눠 가지는 권리를 얻게 됩니다. 이 권리를 대지권이라고 하며, 건물을 소유할 때 자동으로 함께 생깁니다. 쉽게 말해, 대지권은 '내 집이 지어진 땅에 대한 내 몫'이라고 생각하시면 됩니다. 단독주택 같은 일반 건축물에서는 땅을 나눌 필요가 없기 때문에 대지권이 적용되지 않지만, 집합건물에서는 땅을 공동으로 사용하기 때문에 꼭 필요한 개념입니다.

대지권은 크게 소유권과 사용권(소유권 이외의 권리)이 있는데, 이 책에서는 일반적으로 접하기 쉬운 '대지권 소유권'에 대한 내용에 대해서만 기재합니다. 또한 임대차계약(전세, 월세)에서는 대지권에 관한 내용은 중요한 사항이 아니므로 생략해도 무방합니다(한방 프로그램에서 전·월세 계약서 선택 시 알아서 대지권에 관한 내용이 나오지 않습니다). 만약 집합건물이고 매매계약이라면 필히 확인해서 기재해야 합니다.

건물

구조 및 용도

건축물대장(또는 등기사항증명서)에 나온 정보를 토대로 그대로 쓰시면 됩니다. 단, 임대계약이라면 임대하는 해당 층의 용도를 확인해서 써야 합니다. 예를 들어, 건물 자체의 주 용도는 단독주택인데, 내가 계약하는 호실의 해당 층은 다가구주택으로 기재되어 있다면, 다가구주택으로 적어야 한다는 것입니다.

면적

매매의 경우, 계약서에 건물면적을 적는 칸은 하나입니다.

출처 : 한방 프로그램

- 집합건물인 경우 : 전용면적을 기재합니다.

출처 : 저자 제공

CHAPTER 03. 일반계약서 작성하기　73

- 집합건물이 아닌 일반건축물인 경우 : 연면적을 기재합니다.

![일반건축물대장]

출처 : 저자 제공

- 임대의 경우, 계약서에 '임대할 부분'에 대한 정보 기입 칸이 한 줄 더 생깁니다.

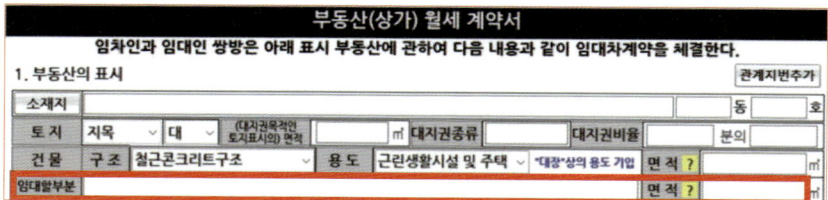

출처 : 한방 프로그램

임대할 부분

구체적으로 임대할 부분에 대해 기재합니다.

- 예 1) 402호 전부
- 예 2) 1층 가운데 부분이며, 문패상 102호
- 예 3) 소재지 2층 일부이며, 문패상 201~204호

임대할 부분의 면적

- 집합건물인 경우 : 임대하는 해당 호실의 집합건축물대장 전유 부를 보고 전용면적을 기재합니다.

출처 : 저자 제공

- 일반건축물의 경우 : 실측 혹은 도면을 보며 임대할 부분의 전용면적을 확인해서 기재합니다.

실무상 집합건물과 일반건축물의 전용면적 기재 방법

집합건물의 경우, 전용면적을 기재하는 데 어려움이 없습니다. 집합건축물대장에 전유 부분의 면적이 명확히 기재되어 있으므로, 이를 그대로 작성하면 됩니다.

문제는 일반건축물입니다. 일반건축물은 건축물대장에 층별 전체 면적만 표시되기 때문에, 실제 임대하는 공간이 해당 층의 일부라면 정확한 면적을 확인하기 어렵습니다. 이를 해결하기 위해 다음과 같은 방법을 활용할 수 있습니다.

- 도면 확인 또는 실측 : 임대인이나 관리사무소에 도면을 요청해 정확한 면적을 확인하거나, 직접 줄자나 전자줄자를 이용해 실측합니다.
- 눈대중 또는 기존 계약서 참고 : 소형 공간의 경우, 대략적인 눈대중으로 면적을 추정하거나 기존 계약서를 참고해서 작성하는 경우도 있습니다.
- 1/N 계산 : 건축물대장에 기재된 해당 층의 전체 면적을 확인한 후, 임대 공간이 전체 면적의 몇 분의 몇인지 비율로 나누어 면적을 계산해서 기재합니다.

주의할 점이 있습니다. 면적이 크거나 임대료가 높은 경우, 평당 임대가격의 차이가 상당할 수 있으므로 도면 확인 또는 실측을 원칙으로 해야 합니다. 이를 간과하면 면적 오류로 인한 분쟁이나 금전적인 문제가 발생할 수 있습니다.

TIP

면적이 애매한 중개 대상물을 주로 다루는 공인중개사들은 줄자나 전자줄자를 항상 소지하고 다녀야 합니다. 면적뿐만 아니라 층고의 높이를 재는 경우도 많기 때문에 전자줄자를 소지하시길 권장해드립니다.

다가구주택의 원·투룸을 임대계약하는 경우

오래된 다가구주택의 경우, 5~6평짜리 원룸처럼 사이즈가 작거나 금액이 많지 않은 경우에는 '약 20㎡'처럼 대략적인 면적으로 기재하기도 합니다. 이는 현실적으로 오래된 다가구주택은 도면이 없는 경우가 많고, 공실이 아닌 이상 세입자가 살고 있는 상황에서 실측하기 위해 자주 드나드는 것이 현실적으로 어렵기 때문입니다.

여러 가지 애로사항이 발생되던 중, 법이 일부 개정되어 2018년 12월 4일 이후로 지어진 다가구주택부터는 건축주가 건축물대장의 기재 및 관리 등에 관한 규칙 제5조에 의거해서 다가구주택의 호(가구)별 면적대장을 작성해야 하고, 중개사는 물론 일반인들도 이를 확인할 수 있게 되었습니다.

물론 면적대장이 있는 경우에도 주의가 필요합니다. 최근 다가구주택 호실 면적을 잘못 기재해서, 공인중개사법 제18조 제2항에 따른 '표시·광고 위반 과태료 처분' 사례가 다수 발생하고 있습니다. 따라서 다가구주택 호실을 광고하거나 계약을 진행할 때는 다음의 사항을 반드시 확인해야 합니다.

- 해당 다가구주택이 2018년 12월 4일 이후 신축된 건물인지의 여부
- 2018년 12월 4일 이전에 건축된 다가구주택이라도, 건축주가 별도로 신청해서 호실별 면적대장이 존재하는지 여부

광고 및 계약을 진행하기 전에 호별 면적대장 유무를 철저히 확인해서 불필요한 과태료 처분을 방지하시기 바랍니다.

다음과 같이 세움터에서 건축물대장을 조회해 주소를 입력한 후, '다가구'라는 항목이 나타날 경우, 해당 건물에 면적대장이 존재한다는 의미입니다.

출처 : 세움터

출처 : 저자 제공

이런 식으로 다가구주택의 호(가구)별 면적대장이 존재하는 경우, 이해당하는 전용면적을 반드시 확인 후 광고 및 계약서를 작성해야 합니다.

> **TIP**
>
> 계약을 진행하다 보면 아무리 신중하게 진행해도 오타나 작은 실수가 생길 수 있습니다. 그러나 고객이 중개사에게 좋은 인상을 받고 기분이 좋다면, 대부분의 사소한 실수는 너그럽게 넘어가는 경우가 많습니다. 반대로, 고객이 불쾌하거나 기분이 상했다면, 별것 아닌 사소한 실수도 크게 부풀려 문제를 키울 수 있습니다.
>
> 물론, 실수를 방지하기 위해 꼼꼼하게 여러 번 확인하는 것은 기본이지만, 친절함과 고객과의 좋은 관계 역시 그에 못지않게 중요합니다!

거래 조건 및 계약 내용(거래금액, 잔금일 등 포함)

매매

제1조 매매대금

2. 계약내용	잔금 ⊙ 자동계산 ○ 직접입력				금액표시 한글+숫자 ∨ 금액단위 만원 ∨
			제1조 위 부동산의 매매에 대하여 매도인과 매수인은 합의에 의하여 매매대금을 아래와 같이 지급하기로 한다.		
매매대금	一金		일십억(₩1,000,000,000)	원정은 (₩	1,000,000,000) □ 공란출력
계약금	一金		일억(₩100,000,000)	원정은	계약시에 지급하고 영수함. 영수자(자필서명) (인) □ 공란출력
융자금	一金		이억오천만(₩250,000,000)	원정은	매도인이 잔금지급일까지 말소한다. ∨
현 임대보증금	一金		오억(₩500,000,000)	원정은	현 상태에서 매수인이 승계함. ∨
중 도 금	一金		(₩0)	원정은	- - 🗓 일에 지급한다. □ 공란출력
	一金		(₩0)	원정은	- - 🗓 일에 지급한다. □ 공란출력
잔 금	一金		사억(₩400,000,000)	원정은	- - 🗓 일에 지급한다.

제2조 [소유권이전 등] 매도인은 매매대금의 잔금 수령과 동시에 매수인에게 소유권이전 등기에 필요한 모든 서류를 교부하고 등기
절차에 협력 하여야 하며, 위 부동산의 인도일은 [- -   ] 로 한다.   □ 약정사항보기
제3조 [제한물권 등의 소멸] 매도인은 위 부동산에 설정된 저당권, 지상권, 임차권 등 소유권의 행사를 제한하는 사유가 있거나, 제세

출처 : 한방 프로그램

계약서에서 금액을 기재할 때는 한글과 숫자를 함께 적는 것이 보기에 편하고 실수를 줄이는 데도 효과적입니다.

매매의 경우 금액 기재 항목은 다음과 같습니다.

- 매매대금 : 부동산 매매계약에서 합의된 전체 거래 금액
- 계약금 : 매매계약 체결 시 거래의 보증 목적으로 지급하는 금액(매매대금의 일부이며 보통 매매대금의 10%)
- 융자금(대출) : 현재 매도 중인 부동산에 설정된 대출(융자금) 금액을 기재하는 항목입니다. 해당 물건에 대출이 남아 있는 경우, 매도인이 잔금일 전에 말소할 것인지, 또는 매수인이 그 대출을 승계할 것인지 선택하게

됩니다. 선택한 내용에 따라 잔금에 자동 계산되어 반영되므로, 실제 계약 내용과 정확히 일치하도록 체크해주세요.
- 현 임대보증금 : 매매 대상 부동산에 거주 중인 임차인이 지급한 보증금 (세 안고 매매일 경우 존재함)
- 중도금 : 계약금과 잔금 사이에 지급되는 금액으로, 매매대금의 일부(중도금 조건이 의무는 아니며 협의 대상. 중도금이 지급된 이후에는 일방의 단순 변심으로 계약해제 불가)
- 잔금 : 계약의 마지막 단계에서 지급하는 남은 금액 전부

계약서를 작성할 때, 해당 금액들을 내용에 맞춰 정확히 기입해야 합니다. 초보 시절에는 잔뜩 긴장한 채로 계약서를 작성하고 10번, 20번 확인하기 때문에 오히려 실수하지 않지만, 계약 건수가 많아질수록 방심해서 가끔 금액 기재를 잘못하는 경우가 발생할 수 있습니다.

물론 계약서를 작성한 후 손님에게 브리핑하면서 실수를 발견하기도 하지만, 금액 관련 실수는 계약의 핵심 사항인 만큼 여러 차례 꼼꼼하게 체크해서 기입하는 것이 가장 중요합니다.

제2조 소유권이전 등(잔금일)

매매계약의 잔금일에는 잔금 지급 및 공과금 정산뿐만 아니라 소유권 이전, 대출 근저당 말소 등 다양한 금융 업무가 처리됩니다. 이를 위해 보통 잔금일 오전에는 부동산 공인중개사 사무소에 매도자와 매수

자는 물론, 법무사 사무장님도 참석해서 업무를 지원합니다.

특히, 매수 측의 소유권 이전 등기를 담당하는 법무사는 신뢰할 수 있는 전문가여야 합니다. 보통 매수 측 중개사가 평소 거래하던 법무사를 통해 진행하거나, 매수자가 직접 선택한 법무사와 함께 진행하는 방식으로 이루어집니다. 또한, 은행에서 근저당 말소를 위해 파견된 법무사가 소유권 이전 등기까지 함께 처리하는 경우도 종종 있습니다.

상업용 부동산(상가, 사무실 등) 매매 시 가격 주의사항

상업용 부동산 매매 시에는 건물분에 대한 부가가치세가 발생합니다. 토지와 주택(예외 있음)은 부가가치세법상 면세 대상이라서 부가세를 고려하지 않지만, 상업용 건물의 경우 부가세가 발생하기 때문에 매매대금에 부가세가 포함인지 별도인지에 대해 매도자에게 확인해서 진행해야 합니다. 보통은 건물분 부가세 별도 조건으로 진행합니다.

매수인은 잔금일에 매매대금 외에 건물분 부가세를 추가로 준비해 매도인에게 지급하며, 매도인은 이를 신고 및 납부합니다. 매도인과 매수인이 모두 일반과세자라면, 매수인은 이후 부가세를 환급받을 수 있습니다. 만약 매도인과 매수인의 사업자가 동일하고, 업종도 동일하다면, 포괄 양도양수 방식을 통해 부가세 납부 및 환급 절차를 생략할 수 있습니다.

부가세 환급 조건이라 하더라도 잔금일 현금 흐름에 문제가 생기면 계약 이행이 안 될 수 있기 때문에 계약 협의 단계에서 매매대금에 부가세 포함 여부, 부가세 환급 가능 여부 등을 확인 후 양측이 조건을 명확히 인지한 상태로 계약을 진행해야 하며, 반드시 특약에도 명시해야 합니다.

> **예시**
> 상기 매매대금은 건물분 부가가치세 별도이며, 매도인은 잔금일에 건물분에 대한 세금계산서와 토지분에 대한 계산서를 각각 발행하기로 한다.
> (건물가액 : 331,761,010원 / 건물분부가세 : 33,176,104 / 토지가액 : 118,238,960원)

임대

출처 : 한방 프로그램

제1조 임차보증금 및 차임

임대계약에서는 융자금 승계나 현 임차인 보증금에 관한 내용은 해당 사항이 없기 때문에 나오지 않습니다. 보증금, 계약금, 중도금, 잔금 항목으로 나뉘며, 임대차계약에서는 중도금 조건은 많이 적용되지 않는 편입니다. 그럼에도 임대인의 사정 등으로 잔금 전에 중도금을 일부 먼저 지급하는 것을 조건으로 할 때가 있으니 해당 사항이 있다면 계약서에 명확히 기재하시면 됩니다. 중도금 조건은 없다면 그냥 0으로 비워두시면 됩니다.

제2조 존속기간

임대계약의 제2조에는 임대차 존속 기간을 기입합니다. 잔금일을 입력하면 자동으로 아래 존속 기간이 채워집니다. 이때 초일산입과 초일불산입 중 어느 것을 적용할지 결정해야 합니다.

> **Q. 임대차 존속기간 옆에 초일산입 VS 초일불산입, 무엇을 적어야 하나요?**
>
> A. 우선 초일산입과 초일불산입의 차이를 알아야 합니다.
>
> 1. 초일산입(잔금일 첫날을 계약 기간에 포함)
>   - 예 : 2022.06.10. ~ 2024.06.09.
>   - 민법상 원칙은 초일 불산입이지만, 당사자 간 협의에 따라 초일을 산입할 수 있음.
>   - 공실 상태에서 바로 입주하는 경우, 실무상 초일산입으로 작성
>   - 계약서상에 '잔금일 0시부터 효력이 발생한다'는 문구를 쓰는 경우
>   - 계약갱신 시에도 초일산입이 일반적

2. 초일불산입
- 예 : 2022.06.10. ~ 2024.06.10.
- 민법 제157조에 따른 일반 원칙
- 공실이 아닌 상태. 즉, 같은 날 전입과 전출이 있을 경우 많이 사용
- 임대인이 주택임대사업자인 민간임대주택의 계약 시, 신고 기준 상 초일불산입 방식이 일반적

민법 제157조(기간의 기산점)
기간을 일, 주, 월 또는 연으로 정한 때에는 기간의 초일을 산입하지 아니한다. 그러나 그 기간이 오전 0시부터 시작하는 때에는 그러하지 아니한다.

주택임대사업자의 민간임대주택 계약 시 주의사항

일반적인 계약에서는 초일산입이든 초일불산입이든 크게 문제가 될 일이 없지만, 주택임대사업자의 경우 민법상 원칙인 초일불산입(2024.05.03.~2025.05.03.)으로 작성하는 것을 여러 가지 이유로 권장합니다. 민법상 원칙이어서도 있지만, 또다른 이유는 주택임대사업자의 임대 물건은 보통 시세보다 저렴해서 임대인들은 1년 단위로 계약해 매년 5%를 증액하려는 경우가 많은데, 이때 계약서를 초일산입(2024.05.03.~2025.05.02.)으로 작성하면 계약갱신 시 하루 차이로 만 1년을 채우지 못한 것으로 보고 증액하는 데 문제가 될 수 있기 때문입니다.

계약서를 '초일불산입'으로 작성하면 계약서상 만기 다음 날부터 바로 증액할 수 있어 날짜 계산에 대한 번거로움이 줄어듭니다. 만약 그럼에도 초일산입으로 계약하게 된다면 계약서 특약에 '계약 기간에 초일을 산입한다'라는 것을 명시하면 이 경우도 만 1년으로 인정될 수 있다고 합니다. 가장 확실한 방법은 해당 지자체(구청)에 문의해 정확한 안내를 받은 후 진행하는 것입니다(계약 기간이 크게 상관없다고 하거나 초일불산입으로 기재하라고 하는 등 지자체별로 조금씩 다릅니다). 구청에 미리 확인 후 계약하면 혹여나 나중에 계약서를 수정해야 하는 등 번거로움을 피할 수 있습니다.

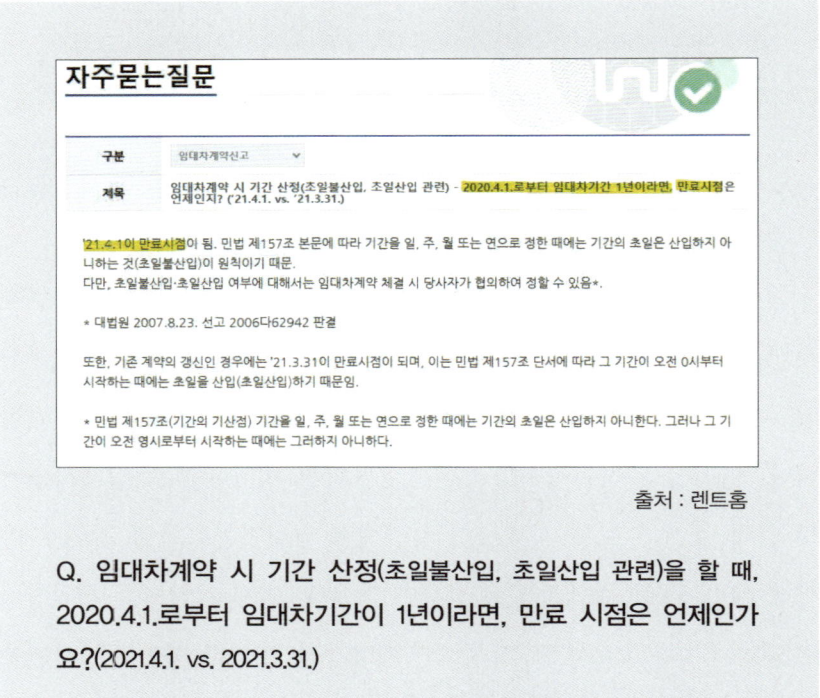

Q. 임대차계약 시 기간 산정(초일불산입, 초일산입 관련)을 할 때, 2020.4.1.로부터 임대차기간이 1년이라면, 만료 시점은 언제인가요?(2021.4.1. vs. 2021.3.31.)

A. 2021.4.1.이 만료 시점이 됩니다. 민법 제157조 본문에 따라 기간을 일, 주, 월 또는 연으로 정한 때에는 기간의 초일은 산입하지 아니하는 것(초일불산입)이 원칙이기 때문입니다. 다만, 초일불산입·초일산입 여부에 대해서는 임대차계약 체결 시 당사자가 협의해서 정할 수 있습니다(대법원 2007.8.23. 선고 2006다62942 판결).

또한, 기존 계약의 갱신인 경우에는 2021.3.31.이 만료 시점이 되며, 이는 민법 제157조 단서에 따라 그 기간이 오전 0시부터 시작하는 때에는 초일을 산입(초일산입)하기 때문입니다(민법 제157조(기간의 기산점) 기간을 일, 주, 월 또는 연으로 정한 때에는 기간의 초일은 산입하지 아니한다. 그러나 그 기간이 오전 0시로부터 시작하는 때에는 그러하지 아니하다).

계약금, 중도금, 잔금 영수증

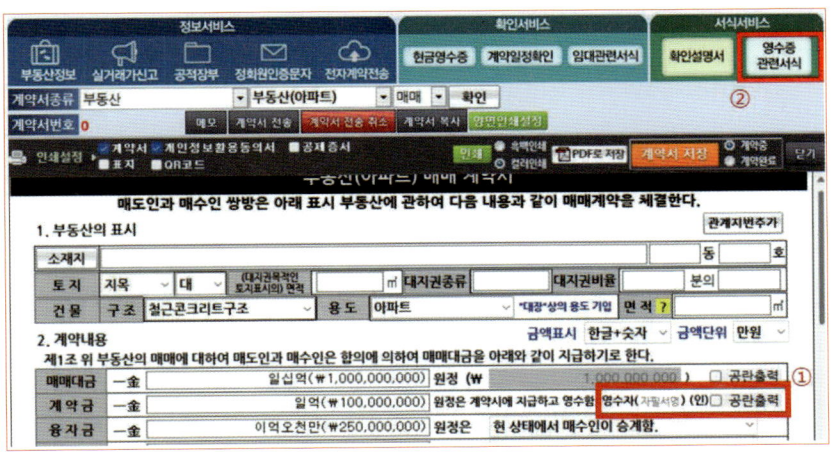

출처 : 한방 프로그램

먼저, 계약금에 대한 영수증은 2가지로 처리할 수 있는데요, 계약금이 소액(몇백만 원 단위)일 경우는 그냥 계약금 옆에 영수자 서명 란에 계약금을 수령한 소유자가 본인 서명을 적고 옆에 자필서명을 합니다.

계약금이 몇천만 원 이상일 경우, 별도의 영수증을 발급해주는 것이 좋습니다. 요즘은 보통 계좌이체로 계약금을 이체해서 어차피 이체 기록이 남아 영수증을 생략하는 경우도 종종 있지만, 돈을 낸 입장에서는 영수증을 받고 싶어 하기도 하고, 이렇게 하는 것이 부동산 거래 관행이기도 하며, 대출을 진행할 때 은행에서 영수증을 요구하는 경우도 있으니 이를 미리 준비하는 것이 좋습니다.

또한 중도금이나 잔금은 금액이 커서 영수증을 별도로 준비해두어야 하는데(물론 이조차 생략하는 중개사분들도 계시지만 저는 준비합니다), 계약서 작성 창의 우측 상단을 보면 '영수증 관련 서식' 버튼이 있어요. 여기서 계약금·중도금·잔금 등 원하는 대로 선택해 영수증을 출력할 수 있습니다.

영수증 인쇄 및 간인(間印) 작업을 하는 방법은 다음과 같습니다. 한방 프로그램 등에서 영수증을 출력하면 영수증 상·하 2장이 연결된 형태로 나오는데요, 위쪽 한 장, 아래쪽 한 장, 가운데 간인(間印) 부분에 돈을 받은 사람(임대인·매도인)의 서명 또는 도장을 찍습니다. 그 후 반을 잘라 지급인용(돈 낸 사람)과 발행인용(돈 받은 사람)으로 잘라 각자에게 나뉘주면 됩니다.

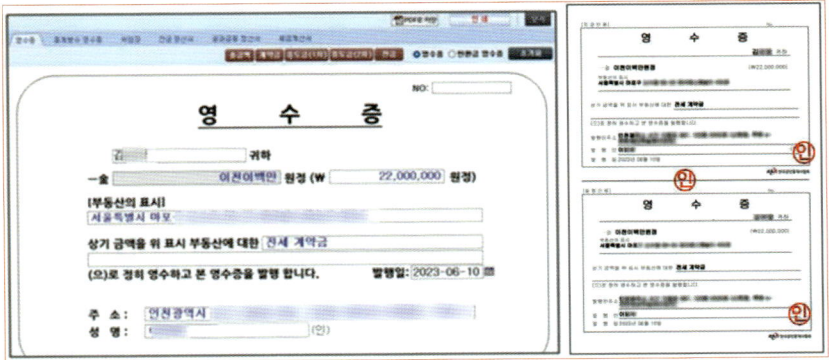

출처 : 한방 프로그램

TIP

소유자가 여러 명일 경우, 영수증에는 원칙적으로 모든 소유자의 도장(또는 서명)이 들어가는 것이 좋습니다. 만약 대금을 수령할 사람 한 명을 대표로 정하고 진행할 경우, 해당 내용을 계약서 특약에도 명시해야 합니다.

만일 잔금일에 임대인이 현장에 참석하지 못하는 경우를 대비해, 계약일에 미리 잔금 영수증을 작성하고 서명 또는 날인을 받아두기도 합니다. 해당 영수증은 부동산 공인중개사 사무소에서 보관하고 있다가, 잔금 이체가 확인되면 임차인에게 전달하면 됩니다.

중도금 영수증도 마찬가지입니다. 중도금날은 보통 현장에서 만나지 않고 계좌이체로만 진행되므로 계약일에 미리 도장을 받아 부동산 공인중개사 사무소에서 보관해뒀다가 전달하거나, 아예 '온라인 송금 시 유효함'이라는 문구를 중도금 영수증에 추가 기재한 후 매수인에게 미리 주기도 합니다.

참고로, 매매의 경우에는 잔금 영수증을 챙기는 것보다 소유권 이전 등기에 필요한 매도인 측 서류를 잘 챙겨 등기 업무를 완료하는 것이 더 중요합니다.
대금을 계좌이체로 지급하는 경우 영수증을 생략하기도 하지만, 고객이 요청하거나 금액이 큰 경우에는 반드시 영수증을 준비해야 합니다.

Q. 계약금을 수표로 가져온 경우에는 어떻게 해야 하나요?

A.
1. 사전 확인
모든 거래 대금은 계좌이체가 가장 안전하므로, 계약일 전에 고객에게 미리 연락해서 다음 사항을 확인하세요.
- 계약금을 수표로 준비하지 않았는지 확인
- 계약금 이체 한도 확인

2. 수표로 대금 준비 시 대처 방법
고객이 계약 당일 수표로 대금을 준비해온 경우, 다음 절차를 따릅니다.
- 수표 뒷면에 이서 : 결제자의 이름과 주민등록번호를 기재
- 신분증과 대조해서 결제자의 신원 확인

- 수표 번호가 잘 보이도록 사진 촬영

3. 영수증 발급
- 계좌이체, 수표, 현금 지급 모두 동일한 방법으로 영수증을 작성합니다.
- 수표인 경우 추가로 발행인 영수증에 수표 번호를 기재합니다(수표 번호를 사진으로 촬영했으면 생략 가능).

4. 수표는 발행인의 계좌에 잔고가 부족하거나 지급 정지 사유가 있을 경우 지급 거절(부도)될 수 있으므로, 가능한 한 빠르게 은행에서 현금화하는 것이 중요합니다. 은행 영업일 기준으로 당행수표면 당일, 타행수표면 다음 날 현금화됩니다.

계약서 기본 내용

계약서의 중간 제3조부터 8조에 해당하는 내용은 우리가 굳이 건드리지 않고 기본으로 적혀 있는 내용으로 두면 되는데요, 그렇다고 해서 이 내용을 읽어보지도 않는 초보 중개사들이 많아요. 굉장히 중요한 내용이기도 하고 매매·전세·월세에 따라 내용이 달라지기 때문에 초보 시절에 이 내용에 대해 꼼꼼하게 꼭 읽어주세요!

매매 - 제한물권, 지방세, 권리 승계에 관한 내용

제3조 [제한물권 등의 소멸] 매도인은 위 부동산에 설정된 저당권, 지상권, 임차권 등 소유권의 행사를 제한하는 사유가 있거나, 제세 공과금과 기타 부담금의 미납 등이 있을 때에는 잔금 수수일까지 그 권리의 하자 및 부담 등을 제거하여 완전한 소유권을 매수인에게 이전한다. 다만, 승계하기로 합의하는 권리 및 금액은 그러하지 아니하다.
제4조 [지방세 등] 위 부동산에 관하여 발생한 수익의 귀속과 제세 공과금 등의 부담은 위 부동산의 인도일을 기준으로 하되, 지방세의 납부의무 및 납부책임은 지방세법의 규정에 의한다.
제5조 [계약의 해제] 매수인이 매도인에게 중도금(중도금이 없을때에는 잔금)을 지급하기전 까지 매도인은 계약금의 배액을 상환하고, 매수인은 계약금을 포기하고 본 계약을 해제할 수있다.
제6조 [채무불이행과 손해배상의 예정] 매도인 또는 매수인은 본 계약상의 내용에 대하여 불이행이 있을 경우, 그 상대방은 불이행 한 자에 대하여 서면으로 최고하고 계약을 해제할 수 있다. 그리고 계약 당사자는 계약해제에 따른 손해배상을 각각 상대방에게 청구할 수 있으며, 손해배상에 대하여 별도의 약정이 없는 한 계약금을 손해배상의 기준으로 본다.
제7조 [중개보수] 개업공인중개사는 매도인 또는 매수인의 본 계약 불이행에 대하여 책임을 지지 않는다. 또한 중개보수는 본 계약 체결에 따라 계약 당사자 쌍방이 각각 지급하며, 개업공인중개사의 고의나 과실없이 본 계약이 무효, 취소 또는 해제 되어도 중개보수는 지급한다. 공동중개인 경우에 매도인과 매수인은 자신이 중개 의뢰한 개업공인중개사에게 각각 중개보수를 지급한다.
제8조 [중개보수 외] 매도인 또는 매수인이 본 계약 이외의 업무를 의뢰한 경우, 이에 관한 보수는 중개보수와는 별도로 지급하며 그 금액은 합의에 의한다.

출처 : 한방 프로그램

전세 - 전대차 금지, 임차권 양도, 원상회복에 관한 내용

제3조 [용도변경 및 전대 등] 임차인은 임대인의 동의없이 위 부동산의 용도나 구조를 변경하거나 전대, 임차권 양도 또는 담보제공을 하지 못하며 임대차 목적 이외의 용도로 사용할 수 없다.
제4조 [계약의 해지] 임차인이 제3조를 위반하였을 때 임대인은 즉시 본 계약을 해지 할 수 있다.
제5조 [계약의 종료] 임대차계약이 종료된 경우 임차인은 위 부동산을 원상으로 회복하여 임대인에게 반환한다. 이러한 경우 임대인은 보증금을 임차인에게 반환하고, 연체 임대료 또는 손해배상금이 있을 때는 이들을 제하고 그 잔액을 반환한다.
제6조 [계약의 해제] 임차인이 임대인에게 중도금(중도금이 없을때는 잔금)을 지불하기 전까지 임대인은 계약금의 배액을 상환 하고, 임차인은 계약금을 포기하고 이 계약을 해제할 수 있다.
제7조 [채무불이행과 손해배상의 예정] 임대인 또는 임차인이 본 계약상의 내용에 대하여 불이행이 있을 경우 그 상대방은 불이행 한 자에 대하여 서면으로 최고하고 계약을 해제할 수 있다. 이 경우 계약 당사자는 계약해제에 따른 손해배상을 각각 상대방에게 청구할 수 있으며, 손해배상에 대하여 별도의 약정이 없는 한 계약금을 손해배상의 기준으로 본다.
제8조 [중개보수] 개업공인중개사는 임대인 또는 임차인의 본 계약 불이행에 대하여 책임을 지지 않는다. 또한 중개보수는 본 계약 체결에 따라 계약 당사자 쌍방이 각각 지불하며, 개업공인중개사의 고의나 과실 없이 본 계약이 무효, 취소 또는 해제 되어도 중개보수는 지급한다. 공동중개인 경우에 임대인과 임차인은 자신이 중개 의뢰한 개업공인중개사에게 각각 중개보수를 지급한다.

출처 : 한방 프로그램

월세 - 차임액 연체 시 계약 해지 가능 등에 관한 내용(주택은 2기 / 상가는 3기)

제3조 [용도변경 및 전대 등] 임차인은 임대인의 동의없이 위 부동산의 용도나 구조를 변경하거나 전대, 임차권 양도 또는 담보제공을 하지 못하며 임대차 목적 이외의 용도로 사용할 수 없다.
제4조 [계약의 해지] 임차인의 차임 연체액이 3기 ☐ 의 차임액에 달하거나, 제3조를 위반 하였을 때 임대인은 즉시 본 계약을 해지 할 수 있다. (주택의 경우 2기를 선택해주시고 상업용건물인 경우 3기를 선택하여 주십시오)
제5조 [계약의 종료] 임대차계약이 종료된 경우 임차인은 위 부동산을 원상으로 회복하여 임대인에게 반환한다. 이러한 경우 임대인은 보증금을 임차인에게 반환하고, 연체 임대료 또는 손해배상금이 있을 때는 이들을 제하고 그 잔액을 반환한다.
제6조 [계약의 해제] 임차인이 임대인에게 중도금(중도금이 없을때는 잔금)을 지급하기 전까지 임대인은 계약금의 배액을 상환 하고, 임차인은 계약금을 포기하고 이 계약을 해제할 수 있다.
제7조 [채무불이행과 손해배상의 예정] 임대인 또는 임차인이 본 계약상의 내용에 대하여 불이행이 있을 경우 그 상대방은 불이행 한 자에 대하여 서면으로 최고하고 계약을 해제할 수 있다. 이 경우 계약 당사자는 계약해제에 따른 손해배상을 각각 상대방에게 청구할 수 있으며, 손해배상에 대하여 별도의 약정이 없는 한 계약금을 손해배상의 기준으로 본다.
제8조 [중개보수] 개업공인중개사는 임대인 또는 임차인의 본 계약 불이행에 대하여 책임을 지지 않는다. 또한 중개보수는 본 계약 체결에 따라 계약 당사자 쌍방이 각각 지급하며, 개업공인중개사의 고의나 과실 없이 본 계약이 무효, 취소 또는 해제 되어도 중개보수는 지급한다. 공동중개인 경우에 임대인과 임차인은 자신이 중개 의뢰한 개업공인중개사에게 각각 중개보수를 지급한다.

출처 : 한방 프로그램

특약사항

계약서의 핵심이라 할 수 있는 '특약'은 말 그대로 '특별한 조건이 붙은 약속'을 의미합니다. 특약 작성 시 가장 중요한 점은, 겉만 그럴듯하거나 복잡하게 쓰는 것이 아니라, 계약 당사자 모두가 명확히 이해하고 오해 없이 받아들일 수 있도록 간결하면서도 필요한 내용은 구체적으로 명시하는 것입니다.

이미 널리 쓰이는 기본적인 특약 내용은 '한방 계약서' 등에 기재되어 있으니, 필요한 것은 살리고 필요 없는 내용은 빼거나 합쳐서 본인 스타일에 맞게 수정하면 됩니다. 다만, 중개 대상물이나 계약 당사자의 상황에 따라 추가되어야 할 특약은 무궁무진하므로, 상황에 맞춰 신중히 판단해야 합니다.

특약은 계약 당사자들을 보호하기 위한 목적이 크지만, 경우에 따라서는 중개사 본인을 위한 내용도 꼭 포함해야 합니다. 예를 들어 '면책특약'을 명시해두거나, 중요한 사항에 대해 '이 내용은 사전에 고지함'처럼 기록을 남기는 것이 좋습니다. 아무 문제가 없을 때는 상관이 없지만, 나중에 문제가 생기거나 계약을 파기하려는 상황이 발생하면 중개사에게 책임을 전가하는 일이 생길 수 있기 때문입니다. 물론 이 모든 것은 중요한 부분을 중개사가 성실히 설명했다는 전제가 뒤따라야 합니다.

결국 신의성실의 원칙에 따라 모든 내용을 충분히 안내하고, 추후 문제로 이어질 가능성이 있는 사항은 특약에 '설명의무를 다했다'라고 다시 한번 기재한 뒤, 필요하다면 그 옆에 당사자 친필 사인까지 받아 두는 것이 안전합니다.

참고로, "매매특약은 짧을수록 좋고, 임대특약은 길수록 좋다"라는 말이 있어요. 임대는 만기 전까지 장기적으로 관계가 이어지기 때문에 발생할 수 있는 다양한 상황에 대비하는 것이 중요해서 특약이 길어지는 편입니다. 반면, 매매계약은 현재 시점의 상태를 기준으로 물건을 거래하는 것이기 때문에, 특약이 지나치게 길어지면 오히려 불필요한 분쟁의 여지가 생길 수 있어요. 그래서 매매특약은 핵심 사항만 간결하게 정리하는 것이 일반적입니다.

매매

매매는 소유권 이전과 물건 인도가 완료되면 실질적으로 매도인과 매수인의 관계가 종료됩니다. 이 때문에 특약을 지나치게 길고 복잡하게 작성하면, 자칫 사소한 문제까지 중개사가 개입해야 하는 상황이 생길 수 있어요.

이러한 이유로 매매계약에서는 간결하고 명확한 특약을 사용하는 것이 일반적인데요. 그중 가장 자주 활용되는 기본 특약 중 하나는 다음과 같습니다.

"본계약은 현 시설물 상태를 기준으로 체결하며, 매수자와 공인중개사가 직접 현장 확인 및 관련 공부를 열람한 뒤 진행함."

매매에서 문제가 생기는 경우, 대부분은 '하자'에 대한 분쟁입니다. 그래서 특약도 주로 하자 책임과 관련된 내용으로 작성되는 경우가 많습니다.

하지만 불필요하게 장황한 조항을 넣기보다는, 본 계약은 현 시설물 상태를 기준으로 체결되며, 부동산의 인도는 잔금일에 이루어지기 때문에, 잔금일까지는 매도인이, 잔금일 이후에는 매수인이 시설물에 대한 책임을 진다는 기본 원칙을 정확히 인지시키는 것이 중요합니다.

오히려 어설픈 하자담보책임 조항을 삽입하면, 그 문구가 독이 될 수도 있습니다.

특히 누수나 보일러는 자주 문제가 되는 비용 부담이 큰 하자이기 때문에, 계약일 현재 이상 여부를 분명히 확인하고 진행하는 것이 중요합니다. 그래도 관련 내용을 특약으로 명시하고자 한다면, "매도인은 잔금일 전까지 누수가 발생할 경우 이에 대한 보수를 책임진다" 정도로 정리하는 것이 좋습니다.

한 가지 더 신경 써야 할 부분은 부합물이나 종물처럼 애매한 항목(벽걸이 에어컨, 전기쿡탑, 오븐, 붙박이장, 태양광 시설, 빌트인 가스레인지, 조명 등)입니다. 간혹 잔금일에 매도인이 이를 수거해가려고 하고, 반대로 매수인은 당연히 인수해야 한다고 생각하는 등 생각의 차이가 발생할 수 있어요.

따라서, 매도인이 어떤 물건을 가져갈 것인지, 매수인이 어떤 부분을 철거해주기를 원하는지를 미리 파악해 꼼꼼하게 따로 문자로 남겨두거나, 필요하다면 특약으로 명시해두면 분쟁을 예방하는 데 큰 도움이 됩니다.

그럼에도 불구하고 예상치 못하고 애매한 시점에 발견된 하자로 인한 분쟁은 생길 수 있습니다. 그렇기에 생각지 못한 리스크는 어떤 계약이든 발생할 수 있다는 마음의 준비를 하는 것이 오히려 현실적이며, 이런 부분에 관해 판단하기 어렵다면, 한국공인중개사협회 법률상담을 받아보는 것이 좋습니다(개설회원 중 협회 정회원만 이용 가능합니다).

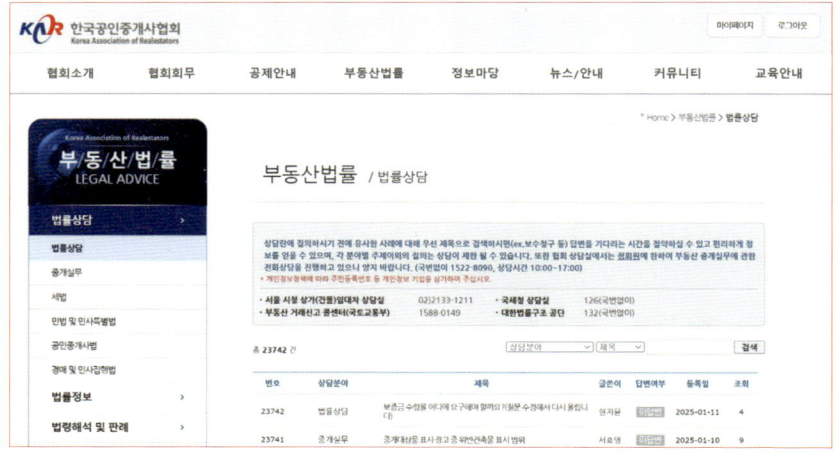

출처 : 한국공인중개사협회 홈페이지

새로운 질문을 하고 직접 답변을 받을 수 있는 것도 좋지만, 다른 사람들이 질문한 내용에 대한 답변도 확인할 수 있어서 유사한 사례에 대한 변호사님의 의견을 참고하기에도 좋습니다.

임대

임대차는 임대 기간이 종료될 때까지 집주인과 세입자 간의 관계가 유지되는 특성상, 크고 작은 문제가 발생하기 쉽습니다. 이때, 발생 가능한 문제를 예상해 중개사가 꼼꼼하고 구체적으로 특약을 작성해주면 양측 모두에게 도움이 됩니다. 특약이 길어지고 계약서가 2장 이상으로 넘어간다고 무리하게 1장으로 줄여서 쓰려는 분들이 있는데, 그럴 필요 없이 특약이 10개 이상으로 길어진다면 별지로 인쇄해 간인을 찍으면 됩니다. 꼼꼼하게 기재해주세요.

또한 보험, 대출, 인허가, 세금, 업종 등 중개사의 직접적인 업무 범위를 벗어나는 사안에 대해서는, 본인이 명확히 확인한 사실이 아닌 이상 섣불리 "가능하다"는 식의 확정적인 표현은 피하는 것이 좋습니다.

예를 들어, 주택 전세계약의 경우, "HUG 보증보험 공문상으로는 가입 가능성이 있어 보이나, 실제 보증 여부는 심사를 통해 확정된다"라는 점을 계약 전에 정확히 안내해야 합니다. 특약에는 "임차인이 보증보험에 가입하는 것에 대해 임대인은 동의하고 서류 제출 등에 협조한다" 정도로 기재하는 것이 바람직하며, "보증보험 가입이 가능하다"

와 같이 확정적인 문구는, 실제 가입이 불가할 경우 중개사의 설명 책임 문제로 이어질 수 있으므로 주의가 필요합니다.

물론 이러한 사안에 대해 정확한 지식을 갖추고 안내할 수 있다면 큰 장점이 되지만, 처음에는 모든 것을 다 알기보다는, 정확한 정보를 확인하고 신중하게 전달하는 태도가 오히려 신뢰를 높이는 방법이 될 수 있습니다.

만약 해당 내용에 문제가 될 소지가 있다면, 사전에 충분히 확인하거나 '불가 시 계약금 반환 조건'을 상대방 동의하에 특약으로 설정해두는 것도 좋은 방법입니다. 세금과 관련해서는, 취득세를 제외하면 중개사가 설명해야 할 의무의 범주가 아니므로, 개략적인 부분만 확인해주고 세무사와 연결해주는 편이 안전합니다(심지어 취득세조차 매수자 상황에 따라 명확하지 않을 때는 면책특약을 두는 경우도 있습니다).

특약은 제대로 작성하면 분쟁을 예방하는 '약'이자 중개사의 '무기'가 되지만, 잘못 작성하면 '독'이 될 수 있다는 사실을 꼭 기억하세요. 중개사의 설명의무는 '중개 대상물 확인·설명서에 기재되는 내용'을 기준으로 하고, 전문 분야가 아닌 사항에 대해서는 함부로 확언하지 않도록 주의해야 합니다.

부동산 업무는 단독으로 이루어지기보다 다양한 전문가들과의 협업이 중요합니다. 대출 상담사, 세무사, 법무사는 공인중개사와 함께 해야 할 필수적인 파트너입니다. 실력 있고 신뢰할 수 있는 전문가들과 네트워크를 구축하면, 고객에게 더 나은 서비스를 제공할 수 있을 뿐만 아니라 서로의 전문성을 활용해 시너지를 낼 수 있어요. 이런 관계를 만들어두면 실무에서 훨씬 수월하게 일할 수 있으니, 참고해두면 좋겠습니다.

계약일 및 당사자 인적사항

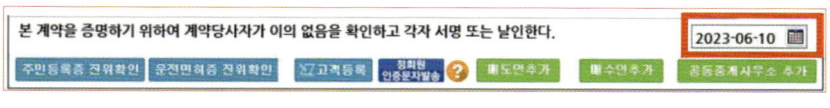

출처 : 한방 프로그램

계약서에 기재되는 계약일은 실제로 계약서를 작성해서 본계약을 진행하는 날의 날짜를 적으면 됩니다. 가계약금이 먼저 입금된 경우, 비록 본 계약서 작성일이 뒤에 있더라도, 가계약금 입금일이 계약 체결일로 간주됩니다. 따라서 광고 종료는 가계약금 입금일 기준으로 즉시 진행하고, 매매 거래신고는 가계약금 입금일을 기준으로 30일 이내에 완료해야 합니다. 즉, 계약서 작성일이 아닌 가계약금 입금일이 기준일이 됩니다.

계약 체결일

> **부동산 거래신고 등에 관한 법률 시행규칙 일부개정령안**
>
> 부동산 거래신고 등에 관한 법률 시행규칙 일부를 다음과 같이 개정한다.
> 별지 제1호서식 뒤쪽에 제6호를 다음과 같이 신설한다.
> 6. 계약금의 일부를 선지급하면서 매매대금, 잔금 지급일 등 계약의 중요 부분에 대한 합의(서면, 구두 등을 포함)가 있었다면 그 날을 거래계약의 체결일로 봅니다.
> 별지 제1호의4서식을 별지와 같이 한다.

출처 : 국토교통부

"계약금 일부를 선지급하면서 매매대금, 잔금 지급일 등 계약의 중요 부분에 대한 합의(서면·구두 포함)가 있었다면 그날을 거래계약의 체결일로 봅니다."

본계약 전에 가계약금(계약금 일부)이 선지급된 경우라면, 특약에 구체적인 내용을 명시해두는 것이 좋아요. 예를 들어, '계약금의 일부 OOO만 원이 2025년 1월 11일에 입금되었고, 본계약서 작성 시 나머지 계약금 OOO만 원 입금함'과 같이 기록해두면 혼선을 방지할 수 있습니다.

인적 사항

매도인 고객검색 없음	주 소(도로명) 주민등록번호			전화		성명
	주 소(도로명) 주민등록번호			전화		성명
매수인 고객검색 없음	주 소(도로명) 주민등록번호			전화		성명
	주 소(도로명) 주민등록번호			전화		성명
개업 공인중개사	사무소 소재지	경기도 안양시 동안구 벌말로 118 (관양동)				
	사무소 명칭	지산타워공인중개사사무소			대표자 명	김애란
	전화 번호	031-424-1007	등록 번호	41173202300011	소속공인중개사	(자필 서명)
개업(공동) 공인중개사	사무소 소재지					
	사무소 명칭				대표자 명	
	전화 번호		등록 번호		소속공인중개사	(자필 서명)

출처 : 한방 프로그램

 마지막으로, 계약자의 인적 사항과 개업공인중개사 사무소 관련 정보를 적는 칸을 잘 채워주세요. 개인 또는 법인으로 계약하며 개인이면 주민등록번호, 법인이면 법인등록번호를 적습니다. 주소는 개인이면 주민등록등·초본상 현재 주소로 기재, 법인이면 법인등기 또는 사업자 등록증상 주소로 기재하면 됩니다. 개인이면 고객에게 인적 사항을 알려달라고 해서 적고, 이름과 주민등록번호는 신분증과 대조합니다. 법인이면 사업자 등록증을 달라고 해서 기재하거나 법인등록번호를 알려달라고 해서 직접 법인등기(인터넷등기소에서 열람 가능)를 열람해 참고하면 됩니다. 계약일 당일 기재하면 실수할 수 있으니 할 수 있다면 미리미리 써놓는 게 좋습니다.

Q. 계약자를 사업자 등록번호로 표시해도 될까요?
A. 간혹 개인정보 노출을 이유로 개인인데도 사업자 등록증으로 계약서를 작성해달라는 고객이 있습니다. 특히 상가, 사무실 등의 거래에서 그렇습니다. 계약서에 인적 사항을 적는 가장 큰 이유는 계약자의 성명, 주민등록번호, 전화번호, 주소 등을 통해 그 개인과의 동일성을 식별하기 위해서입니다. 그래서 이 4가지를 적는 것이 원칙적인 표시 방법입니다.

다만 개인이 사업자(대표)이고, 사업자 등록번호가 있는 경우, 그 번호를 기재해도 동일성을 식별할 수 있기 때문에 계약에 문제가 되지는 않습니다. 그렇지만 추후 분쟁이 생겼을 때, 또는 소송을 하는 경우를 대비해 주민등록번호를 기재하는 것이 훨씬 효율적입니다.

Q. 임대인의 주소가 주민등록등본상 주소와 실제 주소가 다르다고 하면 어떻게 해야 하나요?
A. 만약 임차인이 대출이나 보증보험 가입 등의 이유로 임대인이 직접 수령해야 하는 서류가 있다면, 임대인의 실거주 주소를 기재하는 것이 좋습니다(특약을 활용해 주소 두 군데 다 적는 경우도 있음).

법적으로 어떤 주소를 반드시 적어야 한다고 명확히 정해진 규정은 없으나, 계약자의 동일성을 식별할 수 있는 정보가 기재되어야 하기 때문에 원칙적으로는 주민등록등본 또는 초본상 현재 주소를 기재하는 것입니다(특히, 매매계약의 경우 소유권 이전 절차를 위해 주민등록초본상 현재 주소가 반드시 필요합니다).

그러나 임대차계약에서는 추후 발생할 수 있는 문제(내용증명 발송, 보증금 반환 청구, 소송 등)에 대비해 실거주 주소를 계약서에 기재해두는 것이 유리합니다. 분쟁 발생 시 내용증명이나 소장을 실제 거주지로 보내야 효과적인 송달이 가능하기 때문입니다.

Q. 법인이 계약자인 경우, 법인의 대표자 인적 사항도 반드시 적어야 하나요?
A. 법인이 계약 당사자인 경우, 대표이사의 인적 사항(주소나 주민등록번호 등)을 계약서에 별도로 기재하지 않아도 무방합니다.
왜냐하면 법인등기부등본에 이미 대표이사의 성명, 주소, 주민등록번호 앞자리 등이 기재되어 있어 이를 통해 확인이 가능하기 때문입니다.

다만, 계약 체결 당시 법인의 대표자가 아닌 직원 등의 대리인이 참석하는 경우, 법인의 위임장과 법인 인감증명서 등을 통해 대리인의 권한 여부를 명확히 확인해야 합니다.
또한, 위임장에 기재된 대리인의 인적사항과 실제 대리인의 신분증을 대조해서 본인 여부를 반드시 확인해야 합니다.

[신분증 진위 여부 확인]
- 개인 – 주민등록증 : 정부24 → 서비스 → 사실/진위 확인 → 주민등록증 진위 확인
- 개인 – 운전면허증 : 안전운전 통합민원
- 개인 – 장애인복지카드(주민등록증 대체) : 해당(발급처) 주민센터에 전화해서 확인
- 사업자 – 사업자 등록번호 : 홈택스 → 조회/발급 → 사업자 등록번호로 조회
- 법인 – 사업자 등록증상의 법인등록번호 : 인터넷등기소 → 법

> 인등기 → 열람 → 법인등기 조회
> - 외국인 - 외국인등록증(ARC) : 하이코리아 → 정보조회 → 등록증·거소증 유효 확인

법인계약 시 유의사항

법인으로 계약하게 될 경우, 법인 정보를 적고 서명 란에도 법인인감을 날인합니다. 사업자 등록증 혹은 법인등기사항증명서에 나온 정보로 기재하면 되고, 전화번호는 법인 대표번호, 대표자의 핸드폰번호, 대리인의 핸드폰번호, 모두 무방합니다(사업자 등록증은 고객에게 직접 받아야 함. 법인등기사항증명서는 법인번호를 고객에게 물어봐서 인터넷등기소에서 직접 열람 가능).

대표자의 인적 사항은 법인등기부등본을 통해 확인할 수 있기 때문에, 계약서에 별도로 기재하지 않고 생략하기도 합니다. 또한 대리인이 계약을 체결하는 경우에도, 위임장에 대리인의 인적 사항이 명확히 기재되어 있고, 법인인감증명서상의 인감이 위임장에 정확히 날인되어 있다면, 계약서 인적사항에는 별도로 대리인 정보를 기재하지 않고 법인 인감만 날인하는 방식으로 처리하는 경우도 있습니다.

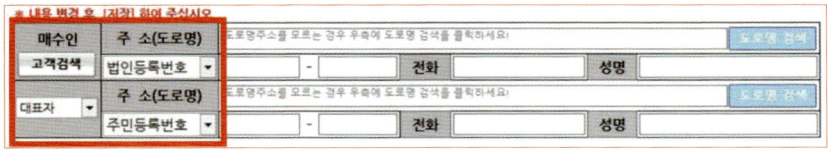

출처 : 한방 프로그램

　법인과 계약을 체결할 때는 법인인감증명서를 반드시 발급받아 준비해야 합니다. 만약 사용인감을 사용했다면, 사용인감계(법인인감과 사용인감이 함께 찍힌 서류로, 특정 업무에서 사용할 인감을 신고해 법적 효력을 인정받는 문서)도 함께 첨부해야 합니다.

　대리인이 계약을 체결하는 경우에는, 반드시 법인인감이 날인된 위임장과 법인인감증명서를 함께 확인해야 합니다. 반면, 대표자가 직접 계약에 참석한 경우에는 위임장이 필요하지 않으며, 대표자의 신분 확인과 법인등기, 법인인감, 법인인감증명서 등의 서류 확인 후 계약이 진행됩니다.

　또한, 원칙은 아니지만(개인과 법인은 엄연히 다른 법적 주체이므로), 소액 월세계약의 경우에는 대표자의 서명만으로 계약서를 작성하고, 잔금일까지 법인인감과 법인인감증명서를 준비해 최종 날인하는 방식으로 진행되기도 합니다. 특히, 매도인 또는 임대인처럼 금전을 수취하는 쪽은 위임장, 인감증명서 등 필요한 서류를 빠짐없이 준비한 상태에서 계약을 진행해야 추후 발생할 수 있는 문제를 예방할 수 있습니다.

앞에서 언급한 것처럼 '계약금'이 소액인 경우(50~100만 원), 계약 시에는 계약자의 신원 확인 서류(위임장, 인감증명서 등)를 간략히 하고, 잔금 지급 전까지 서류를 구비하는 조건으로 계약을 체결하는 경우도 많습니다. 다만, 이러한 방식은 이렇게 해도 되기 때문에 하는 것이 아니라, 계약의 편의상 일정한 리스크를 감수하고 진행하는 방식입니다.

따라서 계약금이 소액인 경우에 한해 약식으로 진행하는 것이며, 계약자의 신원 확인에 문제가 생길 경우 중개사가 계약금을 책임질 각오까지 하고 진행해야 합니다.

특약 추가 및 별지 처리

계약서를 작성할 때, 특약사항이 많아지면 1장에 모두 기재하기 어려운 경우가 있습니다. 이럴 때는 별지를 추가로 작성해 보완하게 되는데요, 특히 임대차계약에서는 특약이 많은 경우가 많아 별지까지 포함해 계약서를 구성하는 일이 흔합니다. 실제로 제가 진행한 임대차계약 중에는 별지까지 작성해 총 2장 이상의 계약서가 되는 경우가 많았습니다. 또한, 계약 당사자나 중개사가 여러 명인 경우도 별지를 활용해 참여자 명단이나 추가적인 내용을 정리하기도 합니다.

상업용 부동산처럼 규모가 큰 임대차계약에서는 계약서 외에 '제소전 화해'를 별도로 작성하는 경우도 있습니다. 보통은 계약 체결 시점에 제소전 화해에 대한 합의를 하고, 계약 체결 무렵이나 이행 이후 법원에 제소전 화해를 신청하는 방식으로 진행됩니다.

계약 마무리

여기까지 진행했다면 계약서 내용에 대한 양측의 검토와 설명이 완료된 상태입니다. 이제 마지막 단계인 서명 절차만 남았습니다. 계약당사자들은 각각 서명 또는 도장을 날인합니다.

개업공인중개사는 서명과 도장(인장)을 모두 날인해야 하며, 고객(계약당사자)들은 서명 또는 도장 중 하나만 하면 됩니다. 하지만 저는 계약을 진행할 때, 당사자의 의사표시를 보다 명확히 하기 위해 계약서에 고객의 자필 서명을 정자체로 직접 받고, 그 옆에 도장을 받아 함께 날인하는 방식으로 진행하고 있습니다.

> Q. 계약 시 꼭 인감증명서상의 인감도장을 찍어야 하나요?
> A. 부동산 계약 시 본인이 참석했다면 서명이나 막도장도 가능합니다. 하지만 부동산 매매계약의 잔금일에는 소유권이전등기 절차를 위해 매도자는 반드시 '본인이 발급한 매도용 인감증명서'와 '인감도장'을 준비해야 합니다.

TIP

출처 : 한방 프로그램

공동중개라면 계약서 작성 및 각종 서류는 보통 물건지 부동산 공인중개사 사무소에서 준비합니다. 내가 물건지 중개사라면 계약서 저장 후 '계약서 전송'을 눌러 함께 공동중개한 부동산 공인중개사 사무소에 계약서를 전송할 수 있어요. 그럼 손님 측 중개사에게도 계약서가 뜨기 때문에 서로 검토할 수 있답니다. 반대로 내가 손님 측 중개사라면 물건지 중개사에게 요청할 수 있어요.

CHAPTER 04

기타계약서 작성하기

표준임대차계약서

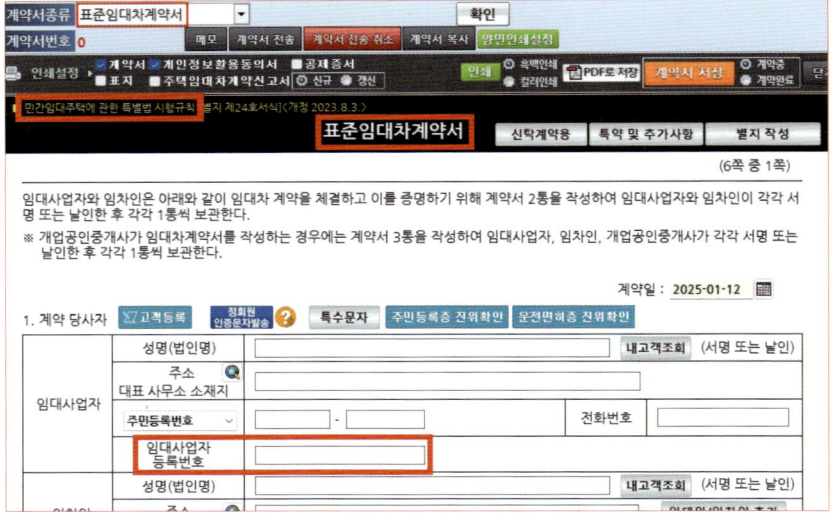

출처 : 한방 프로그램

'주택임대사업자(줄여서 '주임사'라 칭함)'가 임대인인 경우에는 반드시 표준임대차계약서를 써야 합니다. 오피스텔이나 주택을 중개하다 보면, 주택임대사업자 임대인을 꼭 한 번은 만나게 됩니다. 이때 표준임대차계약서의 작성 방법과 내용을 숙지해야 하는데, 얼핏 보면 길고 복잡해 보이지만 실제로는 일반계약서와 큰 차이가 없습니다. 어떤 점이 다른지 몇 가지 비교해보면 오히려 계약에 대해 더 명확해지는 부분도 있으니 살펴보겠습니다.

2020년 12월 10일부터 주택임대사업자 부기등기가 의무화가 시행되었어요. 그래서 해당 주택 등기사항증명서를 열람해보면 해당 주택이 임대사업자 등록이 된 주택인지 아닌지를 바로 확인할 수 있습니다. '이 주택은 민간임대주택에 관한 특별법…'이라는 문구로 부기등기가 되어 있으면, 그 집 주인은 주임사가 임대하는 민간임대주택이라는 의미입니다.

【 갑 구 】	(소유권에 관한 사항)			
순위번호	등 기 목 적	접 수	등 기 원 인	권리자 및 기타사항
1	소유권보존	2007년6월13일 제 호		
2	소유권이전	2008년3월11일 제 호	2008년3월10일 매매	
2-1	민간임대주택등기	2022년11월15일 제 호	2020년2월4일 민간임대주택 등록	이 주택은 민간임대주택에 관한 특별법 제43조제1항에 따라 임대사업자가 임대의무기간 동안 계속 임대해야 하고 같은 법 제44조의 임대료 증액기준을 준수해야 하는 민간임대주택임

출처 : 저자 제공

표준임대차계약서 작성법

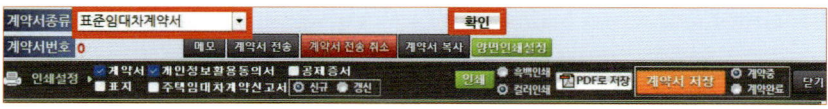

출처 : 한방 프로그램

한방 프로그램 계약서 작성 시 왼쪽 계약서 종류에서 '표준임대차계약서'를 선택할 수 있습니다(법무부 및 국토부에서 권장하는 주택임대차 표준계약서와는 다른 양식입니다. 임대사업자 등록번호를 쓰는 칸이 있는 것이 특징입니다)

계약 당사자

계약서 기본 내용 작성법은 앞의 일반계약서 작성법에서 다 설명했기 때문에 이 장에서는 일반계약서와 다른 부분이나 추가적인 부분에 관해 설명합니다!

출처 : 한방 프로그램

출처 : 저자 제공

　우선 표준임대차계약서에는 임대사업자 등록번호를 기재하는 칸이 있습니다. 이 등록번호는 임대인에게 물어보거나 임대사업자 등록증을 임대인에게 받아서 확인해 기재합니다.

CHAPTER 04. 기타계약서 작성하기　115

공인중개사

```
※공동개업중개사 추가시 화면 하단 부분에서 입력 하시고 더 추가시 우측상단 별지작성 클릭
2. 공인중개사(개업공인중개사가 계약서를 작성하는 경우 해당)
```

개업공인중개사	사무소 명칭	집사임당공인중개사사무소	
	대표자 성명	김애란	(서명 및 날인)
	사무소 소재지	경기도	
	등록번호	41173	전화번호

◆ 해당 주택은 「민간임대주택에 관한 특별법」에 따라 임대사업자가 시장·군수·구청장에게 등록한 민간임대주택으로서 다음과 같은 사항이 적용됩니다.
ㅇ 임대의무기간 중 민간임대주택 양도 제한(「민간임대주택에 관한 특별법」제43조)
 - 임대사업자는 「민간임대주택에 관한 특별법 시행령」제34조제1항에 따른 시점부터 「민간임대주택에 관한 특별법」제2조제4호 또는 제5호에 따른 기간 동안 해당 민간임대주택을 계속 임대해야 하며, 그 기간 동안에는 양도가 제한됩니다.
ㅇ 임대료 증액 제한(「민간임대주택에 관한 특별법」, 제44조)
 - 임대사업자는 해당 민간임대주택에 대한 임대료의 증액을 청구하는 경우 임대료의 5퍼센트의 범위에서 주거비 물가지수, 인근 지역의 임대료 변동률, 임대주택 세대수 등을 고려하여 「민간임대주택에 관한 특별법 시행령」제34조의2에 따른 증액비율을 초과하여 청구 할 수 없습니다. 또한, 임대차계약 또는 임대료 증액이 있은 후 1년 이내에는 그 임대료를 증액할 수 없습니다.
ㅇ 임대차계약의 해제·해지 등 제한(「민간임대주택에 관한 특별법」, 제45조)
 - 임대사업자는 임차인이 의무를 위반하거나 임대차를 계속하기 어려운 경우 등의 사유가 발생한때를 제외하고는 임대사업자로 등록되어 있는 기간 동안 임대차계약을 해제 또는 해지하거나 재계약을 거절할 수 없습니다.
 - 임차인은 시장·군수·구청장이 임대주택에 거주하기 곤란한 정도의 중대한 하자가 있다고 인정하는 경우 등에 해당하면 임대의무기간 동안에도 임대차계약을 해제·해지할 수 있습니다.

출처 : 한방 프로그램

공인중개사 정보가 자동으로 기입되며, 공동중개라면 제일 마지막 장에서 부동산 공인중개사 사무소를 추가합니다. 민간임대주택에 관한 특별법에 따른 임대사업자 필수 확인 사항도 미리 체크해서 숙지해 두는 것이 좋습니다.

민간임대주택의 표시

주택 소재지, 주택 유형, 민간임대주택 면적

주택 유형이나 면적은 건축물대장을 보고 기재합니다.

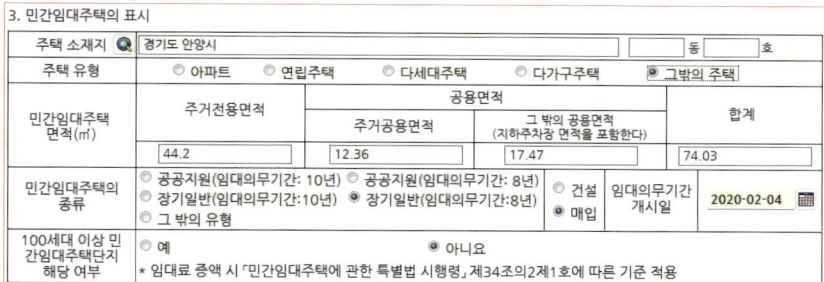

출처 : 한방 프로그램

출처 : 저자 제공

- 주거전용면적 : 세대가 단독으로 사용하는 실내 공간(현관문 열고 들어가서부터의 공간)으로 집합건축물대장의 '전유 부분의 면적'이 이 면적에 해당합니다.

- 주거공용면적 : 같은 건물 내 여러 세대가 함께 사용하는 공간(공동 복도, 계단, 내력벽, 엘리베이터 등)

- 그 밖의 공용면적 : 놀이터, 지하주차장, 관리실, 경비실, 지하주차장, 커

뮤니티센터 등

    면적 기재에 어려움을 느끼는 초보 중개사분들이 많은데, 실무적으로 가장 중요한 면적은 전용면적(전유 부분 면적)입니다. 특히, 주택임대사업자 등록 시에는 전용면적 기준으로 요건이 정해지므로, 이를 정확하게 기재하는 것이 핵심입니다.

민간임대주택의 종류

민간임대주택의 종류	○ 공공지원(임대의무기간: 10년) ○ 공공지원(임대의무기간: 8년) ○ 장기일반(임대의무기간:10년) ● 장기일반(임대의무기간:8년) ○ 그 밖의 유형	○ 건설 ● 매입	임대의무기간 개시일	2020-02-04
100세대 이상 민간임대주택단지 해당 여부	○ 예　　　　　　　　　　　● 아니요 * 임대료 증액 시 「민간임대주택에 관한 특별법 시행령」 제34조의2제1호에 따른 기준 적용			
민간임대주택에 딸린 부대시설·복리시설의 종류	확인안됨			

출처 : 한방 프로그램

    표준임대차계약서를 살펴보면, 임대사업자 등록번호나 민간임대주택의 종류 등 필수 기재 항목이 있습니다. 이때 정확한 정보를 확인하려면, 임대인에게 임대사업자 등록번호와 임대주택 종류 등을 물어본 뒤 기재하는 방식이 있고, 더 확실하게 하려면 임대사업자 등록증 사본을 요청해 직접 확인 후 기재하는 것이 좋습니다.

    참고로, 여기서 말하는 등록증이란 세무서에서 발급하는 일반 사업자 등록증이 아니라, 구청이나 시청에서 발급하는 '임대사업자 등록증'을 요청하셔야 합니다.

출처 : 저자 제공

주임사 계약서의 경우, 계약 후 임대인이 구청에 계약 내용에 대해 신고를 해야 하는 절차가 있는데, 기재 내용에 오타가 발생하면, 계약서를 다시 작성해야 할 수 있으므로 사전에 정확한 정보를 재차 확인하는 것이 중요합니다.

주택임대사업자의 경우, 국가에서 세금 혜택을 받는 대신 여러 의무사항(표준계약서 작성, 임대료 증액 제한 등)이 있는 것이라, 이를 지키지 못하면 주택임대사업자 본인이 과태료를 내거나 피해를 봅니다. 그래서 일반적인 임대인보다 좀 더 협조적입니다.

임대인이 주택임대사업자 등록증을 사진 등으로 전달해주면, 그 안에 기재된 정보를 바탕으로 주택 구분, 주택 종류, 임대 개시일 등을 계약서에 기입하면 됩니다.

렌트홈 활용

출처 : 렌트홈

민간 임대주택에 관한 대부분의 정보는 '렌트홈(https://www.renthome.go.kr/)'에서도 확인할 수 있습니다. 렌트홈의 '임대주택 찾기'에 들어가면 내가 계약하려는 민간임대주택에 대한 정보 확인이 가능합니다.

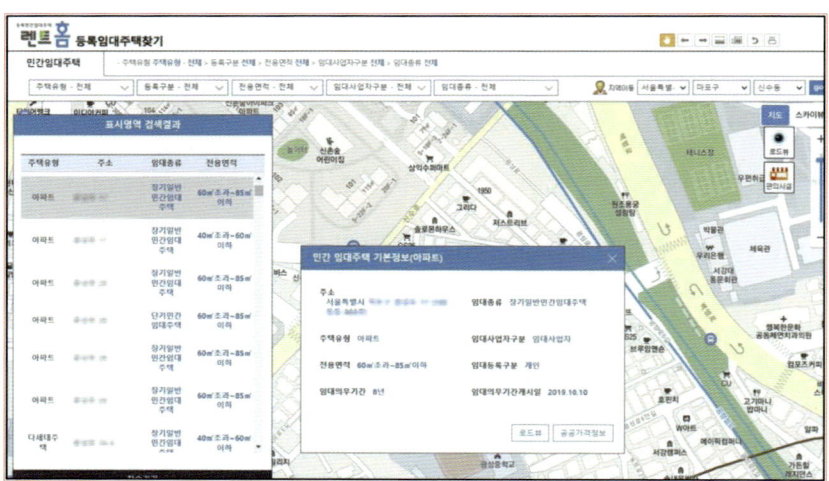

출처 : 렌트홈

주소를 찾아 클릭하면 오른쪽 화면에 기본정보가 표시되는데, 이를 참고해 민간 임대주택에 대한(계약서에 필요한) 내용을 대부분 작성할 수 있습니다.

주택임대사업자와 관련된 대부분의 문의나 정보는 렌트홈에서 90% 이상 해결이 가능합니다. 전·월세 전환률 계산기 등 유용한 기능도 갖추어져 있으니 참고해보세요. 주택임대사업자 등록 및 관련 세금 혜택, 규정 등에 렌트홈에서도 명확한 답을 찾기 어렵다면 해당 임대주택이 속한 시·군·구청의 주택과(또는 건축과, 주택정책과, 부동산 관리과 등)에 문의하면 됩니다. 시·군·구청마다 부서 명칭이 다를 수 있으므로, '주택임대사업자 등록 담당 부서'에 직접 문의하면 정확한 부서를 안내받을 수 있습니다(각 지자체 홈페이지의 조직 및 업무 소개 페이지에서 담당자 전화번호 확인 가능).

소형 주택 임대를 주로 중개한다면 주택임대사업자를 자주 만나게 되니, 주임사가 어떤 의무를 지고 있고, 어떤 세금 혜택을 받을 수 있는지 먼저, 렌트홈에 나와 있는 관련 정보들을 꼼꼼히 확인해보시는 것을 추천해드립니다.

선순위 담보(근저당 등), 세금 체납 유무

선순위 담보권 등 권리관계 설정 여부	● 없음	○ 있음 - 선순위 담보권 등 권리관계의 종류: - 설정금액:　　　　　　　　　　　원정 - 설정일자:
국세·지방세 체납사실	● 없음	○ 있음

출처 : 한방 프로그램

일반 주택임대차계약과 마찬가지로 근저당(대출) 등의 선순위 담보권은 없는지 해당 부동산의 등기사항증명서를 통해 확인하고, 국세 지방세 체납 사실은 없는지 임대인의 국세, 지방세 완납 증명서를 통해 확인해서 체크합니다.

보증보험 가입 의무화

한편, 2021년 8월 18일 이후 체결되는 모든 임대주택사업자 계약의 경우, 임대보증금 반환 보증보험 가입이 의무화되었습니다. 따라서 민간임대주택의 임대인은 반드시 보증보험에 가입해야 하며, 보증료는 임대인이 75%, 세입자가 25%를 부담하는 것이 원칙입니다. 민간임대주택에 대한 보증보험에 관해서는 HUG 홈페이지에서 임대보증금보증 소개 페이지를 참고해주세요.

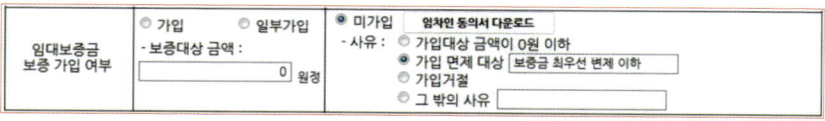

출처 : 한방 프로그램

다만, 다음의 요건을 충족하는 경우 임차인의 동의를 받아(동의서) 일부 가입 또는 미가입할 수 있습니다.

주택임대사업자 보증가입 의무

1. 주택임대사업자로 등록된 임대주택은 '민간임대주택에 관한 특별법' 제49조 제1항에 따라 임대보증금 전액을 보증 대상으로 하는 보증에 의무적으로 가입해야 합니다.

2. 다만, 같은 법 제 49조 제3항에 따라 다음 각 목에 모두 해당하는 경우에는 임대주택의 담보권 설정 금액과 임대보증금을 합한 금액에서 주택가격의 60%에 해당하는 금액을 뺀 금액을 보증 대상으로 해서 가입할 수 있으며, 보증 대상 금액이 0원 이하인 경우 보증에 가입하지 않을 수 있습니다.

    가. 근저당권이 세대별로 분리된 경우
    나. 임대사업자가 임대보증금보다 선순위인 제한물권(세대별로 분리된 근저당권은 제외한다), 압류·가압류·가처분 등을 해소한 경우
    다. 전세권이 설정된 경우 또는 임차인이 '주택임대차보호법' 제3조의2 제2항에 따른 대항요건과 확정일자를 갖춘 경우
    라. 임차인이 일부 보증에 동의한 경우(동의서 필수)

3. 임대보증금 일부 보증에 가입한 경우, 추후 임대사업자가 임대보증금을 반환하지 않으면 임차인은 일부 보증의 보증 대상 금액으로만 보증금 청구가 가능합니다.

또한 보증금이 최우선 변제금 이하여도 면제가 가능합니다(단, 이 경우에도 임차인 동의서 필수). 일부 가입 또는 면제의 경우 모두, 임차인의 동의서가 필수인데, 양식은 한방 계약서에 연동되어 나오기도 하지만 렌트홈에서도 최신 개정 양식을 확인할 수 있습니다.

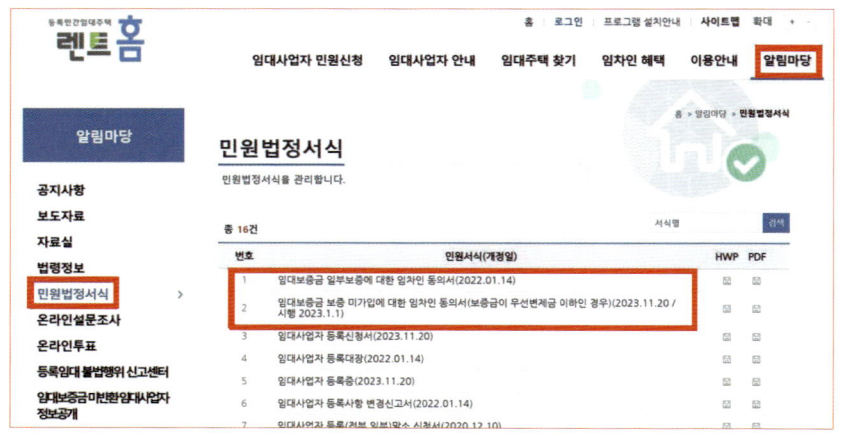

출처 : 렌트홈

현재 부동산 시장에서는 전세 사기 등의 이슈로 주택임대차 거래 시 보증보험 가입은 굉장히 중요한 요소로 자리 잡았습니다. 여러 개정 내용을 거쳐 보증보험사(HUG, HF, SGI 등)에서 인정하는 주택가격 산정 방식이 체계화되어 있습니다. 우선 KB시세를 기준으로 주택가격을 산정하고, 만약 KB시세가 존재하지 않는 경우에는 주택공시가격의 140%를 주택가격으로 인정하고 있습니다(추후 변동 가능성 있음). 보증보험 가입 가능 여부는 이렇게 산정된 주택가격을 기준으로 결정됩니다.

보증금과 근저당을 합한 금액이 주택가격의 60% 이내에 해당하면 보증보험 가입 면제(임차인의 동의하에)가 가능하고 이를 초과하는 경우에는 초과하는 금액만큼만 보증보험에 가입할 수 있습니다. 이는 임차인의 보증금을 보호하면서도 임대인의 부담을 최소화하는 방향으로 설계된 제도입니다.

임대보증금의 일부만 보증에 가입할 수 있는 요건을 갖췄거나, 보증가입 면제 대상에 해당하더라도 임차인이 동의하지 않으면 일부 보증가입이나 미가입은 진행할 수 없습니다.

따라서 이 경우, 가장 중요한 것은 임차인의 동의입니다(동의서에 사인). 이러한 설명을 당사자인 임대인이 직접 하는 경우에는 신뢰도가 떨어질 수 있기 때문에, 공인중개사가 개입해 객관적인 입장에서 중립적으로 설명해주는 것이 좋습니다.

한편, 보증료 차이가 크지 않을 경우에는 임대인이 굳이 임차인에게 아쉬운 소리를 하기 싫어서 그냥 보증금 전액에 대해 보증보험에 가입하는 경우도 있습니다.

주택임대사업자의 집은 표준임대차계약서를 필수로 사용해야 하고 체크할 것이 많아 까다롭다는 단점도 있지만, 여러 가지 장점도 많습니다. 특히 주택의 임대가격이 상승하는 시기에는 주변 시세보다 저렴한 집들이 많고 보증보험 가입도 의무화되어 있어 거래의 안전성이 보장되기도 합니다. 또한 대부분의 주택임대사업자들은 여러 개의 임대물건을 보유하고 있어, 공인중개사 입장에서는 한 명의 주택임대사업자와 거래를 트게 되면 안정적인 매물 확보도 가능해집니다.

이러한 특성을 잘 이해하고 있는 공인중개사는 주택임대사업자와의 거래에서 좋은 성과를 거둘 수 있습니다. 저 역시 과거에 주택 중심의 중개를 하던 시절, 주택임대사업자 세 분과 거래를 하게 되었는데요, 임대인과 임차인 모두에게 자세한 설명과 친절한 서비스를 제공하면서 신뢰를 쌓게 되었고, 그 결과 다수의 매물을 안정적으로 확보할 수 있었습니다.

결국 이는 공인중개사 사무소의 안정적인 운영에도 큰 도움이 되었습니다.

전속계약서

전속계약서는 매도인 또는 임대인이 특정 개업공인중개사(또는 중개법인)를 단독으로 선정해 중개를 의뢰할 때 작성하는 계약서입니다. 즉, 중개의뢰인이 특정한 개업공인중개사를 정해 그 중개사에 한해서 중개대상물의 중개를 맡기기로 하는 계약을 의미합니다.

이 계약은 공인중개사법에 따라 국토교통부령으로 정하는 전속중개계약서 양식으로 작성해야 하며, 계약의 유효 기간은 원칙적으로 3개월입니다(전속중개계약의 유효 기간은 3개월로 하되, 당사자 간에 다른 약정이 있는 경우에는 그 약정에 따름).

전속계약은 일반적으로 건물 통임대나 빌딩 매매처럼 고가의 거래에서 자주 활용되며, 거래의 주도권을 가진 매도인 또는 임대인과 체결하는 경우가 대부분입니다. 이는 중개사가 마케팅과 홍보를 집중할 수 있도록 하고, 매물을 보다 안정적으로 관리하기 위함입니다. 물론, 매수인이나 임차인도 전속계약을 체결할 수는 있지만, 실무에서는 그 빈도가 낮은 편입니다.

빌딩 매각의 경우, 매각 진행 사실이 시장에 공개되는 것을 원하지 않는 경우가 많습니다. 특히 유명 기업이 소유한 빌딩이라면, 매각 소문이 퍼질 경우 기업 이미지에 영향을 미치거나 건물 내 임차인들의 불안과 민원을 초래할 수 있습니다.

이러한 이유로 다수의 부동산 공인중개사 사무소에 매물을 동시에 공개하기보다는 신뢰할 수 있는 한 곳과 전속계약을 체결해 조용히 매각을 진행하는 방식을 선호합니다. 임대의 경우도 마찬가지입니다. 기업들은 브랜드 이미지와 보안을 중요하게 여기기 때문에, 부동산 거래 과정에서 회사명이 노출되는 것을 조심스러워하는 경우가 많습니다.

또한, 자산가일수록 여러 부동산 공인중개사 사무소가 개입하는 것보다 신뢰할 수 있는 단 한 곳과 안정적으로 거래하는 것을 더 선호합니다. 많은 사람들이 돈을 아끼는 것에 집중하지만, 자산가들은 오히려 시간과 에너지의 효율을 더 중요하게 생각합니다. 그렇기 때문에 신속하고 효율적인 거래를 이끌어줄 수 있는 믿을 만한 중개사와의 파트너십을 더욱 가치 있게 여깁니다.

전속계약을 체결한 공인중개사는 양타나 공동중개 등 거래 방식에 상관없이 최소 한 쪽의 중개보수를 보장받을 수 있습니다. 또한 의뢰받은 물건이 노출되어 다른 중개사에게 뺏길까 봐 신경 쓸 필요 없이 보다 자유롭고 적극적인 마케팅을 펼쳐 계약을 성사시킬 수 있다는 점도 큰 장점입니다.

이러한 특성으로 인해 매도자와 매수자가 전문적인 중개 과정을 통해 효율적으로 연결되며, 경우에 따라서는 오피스텔 전세를 맞추는 것보다 오히려 수월하다는 말도 나옵니다. 이는 빌딩 매물의 특성상 일반 시장에 널리 공개되지 않기 때문에, 조건과 타이밍만 맞는다면 빠르게 거래가 성사되는 경우가 많기 때문입니다.

상가 임대나 건물 매매의 경우, 매물이 네이버 부동산과 같은 공개 플랫폼에 등록되면 다른 중개사들이 직접 소유자나 임차인에게 접촉해 매물을 가로채는 일이 빈번합니다. 따라서 위치가 쉽게 노출되는 네이버 광고는 되도록 피하는 것이 일반적입니다. 그러나 전속매물은 상황이 다릅니다. 전속계약은 보통 3개월이라는 유효기간이 정해져 있기 때문에, 그 안에 계약을 성사시켜야 의미가 있습니다. 그렇기에 신뢰할 수 있는 다른 중개사에게 매물 정보를 공유하거나, 블로그·유튜브 등 다양한 채널을 활용해 적극적으로 마케팅을 진행하기도 합니다.

하지만 이러한 정보 공유가 때로는 의도치 않은 결과를 초래할 수 있습니다. 매물 정보를 접한 다른 부동산 공인중개사 사무소(또는 법인)에서 실제 구매 의향이 있는 매수인을 확보한 경우, 전속계약 기간이 종료되기를 기다렸다가 직접 거래를 시도하는 경우도 있기 때문입니다. 따라서 전속계약 매물이라 하더라도, 정보 공유 시에는 대상과 범위를 신중하게 판단할 필요가 있습니다.

전속계약은 매매 거래에만 국한되지 않습니다. 임대차 관리나 심지어 아파트 거래에서도 전속계약을 체결하는 사례가 많습니다. 다만 일부는 공식적인 전속계약서 없이 상호 신뢰만을 바탕으로 진행되기도 하는데, 이런 경우에는 법적 구속력이 없다는 점을 유의해야 합니다.

전속매물이나 전속 의뢰인을 확보하는 일은 일정 기간 내에 거래를 성사시켜야 한다는 부담이 따르긴 합니다. 하지만 의뢰인의 신뢰를 얻고 중개사로서의 역량을 인정받았다는 점에서 의미 있는 일입니다. 이 과정에서 전문성을 발휘할 기회가 많고, 거래가 성사되면 그만큼 보람도 큽니다.

권리금계약서

권리금이란 상가 계약에서 흔히 쓰이는 '자리값' 개념입니다.

가게를 운영해온 영업주(임차인일 수도, 건물주 본인일 수도 있음)가 만들어 놓은 점포 가치를 새로 들어올 사람이 돈으로 사는 것이죠.

권리금은 보통 3가지 요소가 합쳐져 결정됩니다.

1. 시설권리금 — 인테리어·설비 같은 눈에 보이는 투자비
2. 영업권리금 — 단골·매출·운영 노하우처럼 무형의 영업 가치
3. 바닥권리금 — 상권·호실 위치에서 생기는 자리 프리미엄

지급 시점과 방법(일시불 또는 분할)은 당사자가 협의해서 정하며, 금액도 최근 매출·시설 견적·주변 시세를 근거로 조율합니다.

이처럼 권리금계약은 상가 임대차계약에서 필수적으로 발생되는 핵심 내용 입니다. 그러나 최근 제도와 시장 환경이 크게 달라져서, 그 변화를 자세히 살펴보겠습니다. 과거에는 공인중개사가 이러한 권리금계약을 상가중개 시 함께 조율하고 계약해서, 권리금 액수의 10%를 별도의 수수료로 받는 것이 업계의 일반적인 관행이었어요. 이는 중개사 입장에서는 상가계약 중개보수와는 별도로 책정되는 추가 수입이었습니다.

그러나 최근 법원에서 공인중개사의 권리금계약 중개가 행정사법 위반이라는 대법원 판결(2024도1766판결)이 나와서 공인중개사 시장이 굉장히 혼란스러웠어요. 이로 인해 과태료가 부과되는 사례가 발생했으며, 현재는 권리금계약 시 행정사나 변호사를 통해 진행해야 한다는 해석이 우세합니다.

매물공보		무선프린터(WSD) 인쇄 안될 시 프린터 설정방법			
매물구합니다.					
론방	1	상가건물 임대차 권리금계약서(2015.05.29)	관리자	2015-05-27	55,887
출인사말					

출처 : 한국공인중개사협회 홈페이지

한국공인중개사협회 홈페이지나 한방 프로그램에 권리금계약서 양식이 게시되어 있을 정도로 공인중개사들에게는 당연한 업무 중 하나로 여겨졌던 권리금계약입니다. 그럼에도 불구하고 대법원에서 위법 판결이 내려진 상황이어서, 업계에서는 더욱 큰 혼란과 논란이 이어지고 있습니다.

특히 상가 전문 중개사들에게 큰 영향을 미치고 있는데요, 권리금 계약과 관련된 수수료는 그동안 상당한 수입원이었기 때문입니다. 현실적으로는 기존 임차인이 권리금을 원활하게 받으려면 중개사의 도움이 필요한 경우가 대부분이라 지금도 비공식적으로 공인중개사가 권리금계약을 중개하는 사례가 있을 것으로 추정됩니다. 하지만 이는 법적 논란의 여지가 있는 민감한 사안이므로, 구체적인 언급은 조심스럽습니다.

이러한 법적 리스크를 고려해서 최근에는 많은 공인중개사들이 권리금 관련 수수료를 받지 않고 순수하게 임대차 중개만을 진행하는 방향으로 업무 방식을 변경하거나 행정사 대동하에 권리금계약서를 쓰기도 하고, 심지어 공인중개사가 직접 행정사 자격증까지 따는 경우도 있습니다.

현재 공인중개사 협회에서는 상가 중개 시 권리금계약과 관련해 공인중개사의 업무를 법적으로 보장받고자 노력하고 있으며, 권리금을 중개대상물에 포함하는 내용을 담은 공인중개사법 일부개정 법률안이 2024년 9월에 다음과 같이 제안되었습니다.

> **제안 이유 및 주요 내용**
> 현행법은 공인중개사가 중개행위를 할 수 있는 중개 대상물의 범위를 토지, 건축물 등으로 한정해 규정하고 있음.

> 그런데 상가건물 권리금계약의 경우 임대차계약에 부수해 체결됨에 따라 임대차계약에 대한 전문성과 이해도를 갖춘 공인중개사가 우리 법체계와 유사한 일본과 같이 이를 수행하는 것이 합리적임에도 불구하고 현행법과 대법원판결(2024도 1766)에서 공인중개사가 아닌 행정사가 권리금계약을 중개하도록 하고 있어 권리금계약의 현실에 맞게 직역 간 업무 조정이 필요하다는 지적이 제기되고 있음.
>
> 이에 권리금을 중개 대상물로서 추가해 규정함으로써 직역 간 업무를 합리적으로 조정하고 권리금계약에 대한 중개의 전문성 및 효율성을 제고하려는 것임(안 제3조 제3호).

다만, 협회의 지속적인 노력에도 불구하고 공인중개사의 권리금계약은 행정사법 위반이라는 대법원 판결까지 나온 상황이기 때문에, 향후 법 개정 여부는 불확실합니다. 따라서 상가 중개를 진행할 때 이러한 법적 사항을 충분히 숙지하고 신중하게 접근해야 할 것 같습니다.

CHAPTER 05

중개 대상물 확인·설명서 완벽하게 작성하기

　중개 대상물 확인·설명서는 계약서와 함께 공인중개사가 반드시 작성해서 계약 당사자에게 제공해야 하는 법정 문서이며, 쉽게 말해 '물건(부동산) 설명서'입니다. 공인중개사법 제25조에 따라 규정된 이 서류는, 국토교통부에서 정한 법정서식에 따라 작성해야 하며, 중개 대상물의 권리관계, 시설물 현황, 공법상 제한사항 등을 정확하고 상세하게 기재해야 합니다.

　이는 단순한 안내서가 아닌, 공인중개사의 설명의무 이행을 입증하는 공식 자료로, 작성하지 않거나 허위로 작성할 경우 공인중개사법 위반으로 행정처분이나 형사처벌을 받을 수 있습니다. 2024년 7월 10일 공인중개사법 시행령 및 시행규칙 개정에 따라 한 차례 새롭게 정비되었는데, 전세 사기 이슈로 인한 주택임대차에 관련된 내용이 대부분이고, 그 외에는 크게 변동된 내용이 없습니다.

　일반적인 부동산 거래 과정에서 공인중개사와 고객의 도장이 필수로 들어가는 서류는 2가지입니다. 바로 계약서와 중개 대상물 확인·설명서입니다. 그만큼 중요한 서류임에도 계약서는 그 중요성이 널리 알려져 있어 대부분의 중개사들이 신중하게 검토하고 작성하지만, 중개 대상물 확인·설명서는 상대적으로 소홀히 다뤄지는 경우가 많습니다. 그렇다 보니 오히려 중개 대상물 확인·설명서에 오기재된 내용에 발목 잡혀 중개보수를 깎이기도 하고, 지자체 단속에 걸려 과태료를 내게 되는 경우도 심심치 않게 보게 됩니다.

따라서, 계약서뿐만 아니라 중개 대상물 확인·설명서도 철저히 검토하고 정확하게 작성하는 것이 중요합니다. 중개 대상물의 종류가 매우 다양해 처음 접하는 물건 유형의 경우, 작성에 어려움을 겪을 수 있는데, 이러한 상황에서 확인·설명서를 최대한 완벽하게 작성하기 위한 가장 중요한 원칙은 '빈칸을 두지 않는 것'입니다. 확인이 불가능한 항목이나 해당 사항이 없는 경우라도 공란으로 남겨두지 말고, 최소한 '확인 불가' 또는 '해당 없음'이라고 기재하는 것이 좋습니다.

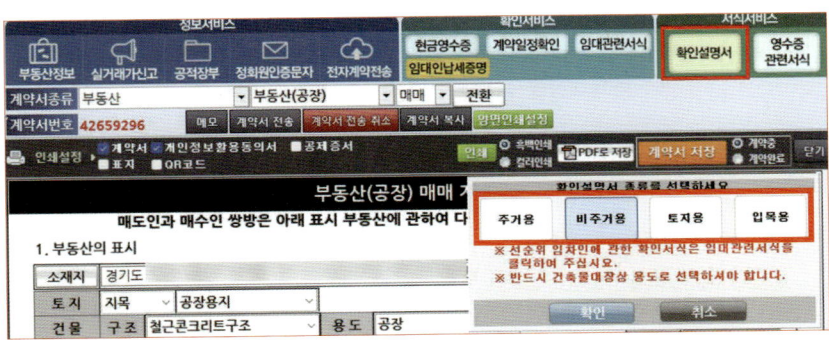

출처 : 한방 프로그램

중개 대상물의 확인·설명서는 법정 서식이므로 임의로 변경 금지되며, 원본 또는 사본의 보존 기간은 3년입니다.

우선 한방 프로그램에서 계약서 작성을 마친 후 우측 상단 '확인설명서' 버튼을 클릭한 뒤, 중개 대상물의 종류에 따라 주거용, 비주거용, 토지용, 입목용 4가지 중 하나를 선택합니다.

확인·설명서 종류는 반드시 건축물대장상 용도를 기준으로 선택해야 합니다.

TIP

예전에는 '주거용 오피스텔'의 경우, 건축물대장상 용도가 업무시설 또는 오피스텔로 되어 있어서 비주거용 중개 대상물 확인·설명서를 사용했으나, 2024년 7월 10일부터 시행된 공인중개사법 시행령 및 시행규칙 개정안에 따라 '주거용 오피스텔'의 경우에는 '비주거용 확인·설명서'가 아닌 '주거용 확인·설명서'를 사용해야 합니다.

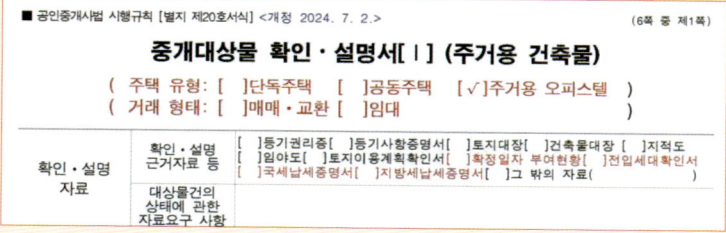

출처 : 저자 제공

중개 대상물 확인·설명서 &
첨부 서류

출처 : 한방 프로그램

　중개 대상물 확인·설명서 작성 시, 필요에 따라 다양한 근거 자료를 함께 준비해야 합니다. 그중에서도 등기사항증명서, 건축물대장, 토지이용계획확인서(또는 토지대장)는 필수 서류이므로 모든 계약에 반드시 첨부해야 합니다. 또한 지적도처럼 정부24 사이트에서 공인중개사가 직접 출력할 수 있는 서류들도 있으니, 중개사가 준비 가능한 서류는 모두 직접 챙기는 것을 권장합니다.

사실 중개 현장에서 원·투룸 임대만 전문적으로 중개하는 분들 중에는 '계약서, 중개 대상물 확인·설명서, 건축물대장' 정도만 제공하는 분들도 있습니다. 심한 경우는 건축물대장조차 준비하지 않아서, 손님 측 중개사였던 제가 별도로 출력해서 챙겨드렸던 적도 있었어요.

물론 원룸이나 투룸처럼 소액 보증금 임대의 경우, 이런 서류들이 크게 중요하지 않을 수 있습니다. 고객 입장에서도 각종 서류보다는 청소 상태, 관리비 정산, 이사 날짜 조율 등에 더 관심을 두기 때문에 서류에는 상대적으로 무관심한 경우가 많습니다.

하지만 저는 어떤 계약이든 원칙대로 꼼꼼하게 모든 서류를 준비하는 것이 중요하다고 생각합니다. 단순히 서류를 챙기는 것에서 그치는 것이 아니라, 실제 서류에 기재된 내용을 이해하고 꼼꼼히 확인하는 과정도 필수입니다. 따라서 큰 어려움이 없다면, 계약마다 가능한 한 많은 서류를 준비해 근거 자료로 제시하는 것이 안전한 계약을 위해서도, 중개사로서 좋은 습관을 들이기 위해서도 바람직합니다.

Q. 매매 또는 임대차 '계약 시' 등기권리증을 확인해야 하나요?

A. 등기권리증(집문서·땅문서)은 주로 매매 시 첨부하는 서류입니다. 임대차계약의 경우, 일반적으로 등기권리증을 확인하지 않는 것이 현실입니다(저 역시 임대차계약에서 등기권리증을 요구한 적은 없습니다).

개업공인중개사는 매매나 임대차계약을 중개할 때 반드시 해당 부동산 소유자가 맞는지 정확히 확인해야 할 의무가 있고, 이를 위해 등기부등본에 나온 소유자 정보와 신분증을 대조하는 과정은 기본입니다. 그리고 더 나아가 신분증 위조 등의 사기 위험을 방지하기 위해 등기권리증까지 확인하는 것이 중요하다는 법률 전문가들의 의견이 있어요.

그럼에도 불구하고 아직까지는 실무적으로 임대차계약에서는 등기권리증을 확인하는 경우가 거의 없으며 매매계약에서도 계약일에는 보통 가져오지 않고, 잔금일에 소유권 이전 등기 절차를 위한 서류들과 함께 제출되는 것이 일반적입니다.

Q. 확인 설명 근거 자료들은 어디서 열람하거나 발급받을 수 있나요?

- 등기사항증명서 : 인터넷등기소(모바일도 가능)
- 건축물대장 : 정부24 또는 세움터(추천)
- 토지대장 : 정부24
- 지적도·임야 : 정부24
- 토지이용계획확인서 : 토지이음
- 국세 지방세 완납 증명서 : 정부24(임대인이 직접 로그인해 열람)

자, 그럼 앞의 서류들을 참고해서 확인·설명서를 어떻게 적는지 자세히 알려드릴게요.

① 대상 물건의 표시

출처 : 한방 프로그램

계약서를 저장 후 확인·설명서로 넘어가면 계약서에 기입했던 내용이 대부분 자동으로 연동되어 나와요. 앞의 자료에서 노란 부분이 자동 연동되는 부분입니다. 따라서 이 부분을 수정하려면 계약서에서 수정해야 합니다. 따라서 이번 장에서는 자동 기입되지 않은 나머지 부분의 기입 방법에 대해 다루겠습니다.

토지 - 공부상 지목 & 실제 이용 상태

공부상 지목은 이 부동산의 토지대장에 표시된 지목을 기재하는데, 이는 계약서에서 작성하면 자동으로 따라옵니다(등기사항증명서나 토지이용계획확인서에도 나옵니다).

실제 이용 상태는 말 그대로 공부상 지목과 관계없이 현재 어떤 상태로 이용되고 있는지 확인해서 기재하면 됩니다. 토지를 전문으로 하는 경우가 아니라면 대개 토지의 공부상 지목과 실제 이용 상태가 다르지 않습니다. 이런 경우, 공부상 지목을 실제 이용 상태에도 다시 한 번 적으면 됩니다. 만약 공부상 지목이 '전'인데 실제 이용 상태는 일부를 대지로 사용 중이라면 그 내용 그대로 기입합니다(예 : 공부상 지목 – 전 / 실제 이용 상태 – 약 000㎡ 대지로 사용).

건축물 - 대지 지분

대지 지분(㎡)은 계약서에 기재된 내용을 그대로 계산해서 적용됩니다. 즉, '대지 지분(㎡) = (대지권의 목적인 토지) 대지면적 × (소유권) 대지권의 비율'로 산정됩니다.

대지 지분은 집합건물(아파트, 오피스텔, 상가 등 구분소유가 가능한 건물)에만 적용되는 개념입니다. 이는 하나의 집합건물에 대해 여러 명이 개별 호실을 소유하면서, 해당 건물에 속한 토지를 지분으로 나누어 갖기 때문입니다.

따라서, 한방 프로그램에서 계약서 종류를 집합건물이 아닌 일반건축물(다가구주택, 단독주택, 상가주택 등)로 설정하면, 대지권 관련 항목은 애초에 나오지 않고 면적을 기재하는 칸만 활성화됩니다. 이는 일반건축물의 경우 토지가 개별 지분으로 나뉘지 않기 때문에 계약서에서 '대지권'이라는 개념이 필요 없기 때문입니다.

다만, 중개 대상물 확인·설명서 양식은 법정 서식이므로 대지권 기재란이 남아 있습니다. 이 경우 건물 소유자와 토지 소유자가 동일한지 확인한 후, 대지 지분 항목에는 토지면적을 그대로 기재하거나 '해당 없음'으로 표기하면 됩니다.

> **정리**
> - 집합건물(아파트, 오피스텔, 상가 등) → 계약서 기입 정보에 따라 대지 지분이 계산되어 나옴.
> - 일반건축물(단독주택, 다가구주택, 상가주택 등) → 계약서에는 대지권 관련 기재사항이 없기 때문에 중개 대상물 확인·설명서에서는 '토지면적'을 그대로 기재하거나 '해당 없음'으로 표기

건축물 - 준공년도

출처 : 저자 제공

　건축물대장(집합건물은 표제부)에 명시된 사용승인일의 연도를 준공년도로 적습니다(예 : 사용승인일이 2022년 3월 1일 → 2022년으로 기재). 건물 노후도를 파악하기 위한 목적입니다.

건축물 - 실제 용도

　건축물대장상 기재된 용도가 아니라, 현재 실제로 사용 중인 용도를 기재하는 칸입니다. 근린생활시설(근생)이라도 실제로 주택처럼 사용 중이라면 '주거용'으로 표기합니다.

　'주거용'으로 적어야 하는지, '주택'으로 적어야 하는지 등 세부 표현은 크게 중요치 않습니다. 중개사가 성실히 확인하고 사실대로 기재하는 데 의의가 있으므로, 핵심만 벗어나지 않으면 표현 방식은 유연하게 적용해도 됩니다.

건축물 - 방향

　보통 주거용(공동주택)은 거실이나 안방의 창문 기준, 기타 건물은 주된 출입구 기준으로 기재하며, 단독주택은 대문을 기준으로 작성합니다. 이때 방향은 현장 조사를 통해 기재하되, 방향의 기준이 불분명한 경우는 기준이 되는 장소 등을 이용해 세부적으로 기재합니다(예 : 남동향 – 거실 앞 발코니 기준).

주택의 경우 고객들이 창문 방향에 예민할 수 있으니, 최대한 정확하게 확인해주세요. 일반적으로 주거용은 남향 선호(채광 유리), 상업용·업무용은 북향을 선호(직사광선이 업무에 방해)합니다. 남향과 남동향 중 애매할 때는 차라리 조금 더 안 좋은 쪽으로(예 : 남동향)으로 기재하는 것이 추후에 발생할 수 있는 컴플레인을 예방할 수 있습니다(예 : 남향인 줄 알았는데 남동향이면 컴플레인 걸릴 수 있음).

아파트나 규모가 큰 대단지 주거용 건물은 현장 답사 시, 창문 방향 확인을 놓쳤을 경우, 네이버 지도(PC 기준 지도의 위쪽이 북쪽, 아래쪽이 남쪽)를 활용해 거실 창문 방향을 확인할 수 있습니다(아파트는 대부분 남향 베이스로 짓습니다. 남향, 남서향, 남동향, 동향 중 하나일 가능성이 큼).

다가구주택이나 다중주택의 원룸·투룸, 오피스텔 등은 방향을 확인하는 일이 정말 번거롭습니다. 아파트나 1층 상가처럼 지도를 보고 쉽게 파악할 수 있는 구조가 아니라서 실제 현장에서 직접 확인해야 하는 경우가 많고, 협조적인 임차인이 있다면 물어봐서 해결하기도 합니다.

출처 : 네이버 지도

　물론 중개 과정에서 손님과 여러 번 현장을 방문하게 되지만, 여러 매물을 한 번에 보여준 뒤 갑작스럽게 계약이 진행되면 "방향이 어디였지?" 하고 헷갈려 당황한 적이 왕초보 시절에는 한두 번이 아니었습니다.

　따라서 물건을 보여줄 때 핸드폰 메모장에라도 간단하게 방향을 기록해두는 것을 추천합니다. 특히, 2층 이상의 상가나 사무실도 방향을 파악하기 쉽지 않은 경우가 많습니다. 깔끔하게 일률적으로 지어진 건물이라면 덜하지만, 구조가 복잡한 경우에는 매번 직접 확인이 필요합니다. 지식산업센터나 대형 건물이라면 층별 도면을 구해 미리 체크하는 것이 좋습니다.

　사실 경력이 쌓인 중개사라면 어느 시간대에 어느 정도의 채광이 들어오는지만 봐도 방향을 짐작할 수 있기도 합니다. 예를 들어, 오전에 해가 강하게 들어오면 동향, 오후 4~5시쯤 해가 길게 들어오면 서향으로 판단할 수 있죠. 또 창문 밖 뷰만 보더라도 "이쪽은 동쪽이네", "이쪽은 남쪽이네" 하고 눈대중으로 판단하기도 합니다(창문 밖으로 산이나 강, 랜드마크 건물 등을 보고 파악).

그럼에도 저는 항상 나침반 앱을 씁니다. 하지만 이런 나침반 앱조차 오류를 일으키는 경우도 있다고 하니 앞에서 이야기한 것처럼 '북쪽에 ○○산이 있으니까 창문에서 그 산이 보이면 북쪽', '남쪽에 ○○천이 흐르니 그 물가가 보이면 남쪽'처럼 주변 지형지물을 활용해 대략적으로라도 위치를 파악해두면 좋습니다.

건축물 – 내진설계 적용 여부

출처 : 저자 제공

출처 : 한방 프로그램

건축물대장(집합건물인 경우 표제부)에 기재되어 있습니다. '적용' 여부를 확인해 해당란에 '적용'이라고 작성하고, 내진 능력은 건축물대장의 파란색 글씨로 된 기준표(참조 자료)를 클릭해 확인할 수 있습니다. 여기서 해당 건물에 해당하는 사항을 체크하면 됩니다.

case 1.

출처 : 저자 제공

case 2.

출처 : 저자 제공

case 1, 2와 같이 오래된 건축물 중에는 내진설계 적용 여부가 건축물대장에 기재되지 않거나 비적용인 경우가 많습니다. 이럴 때는 해당란을 비워두지 말고 '비적용' 또는 '확인 안 됨' 등을 기재해주세요.

건축물 – 건축물대장상 위반건축물 여부

출처 : 저자 제공

건축물대장에 표시된 내용을 그대로 확인해 적합 또는 위반을 표기합니다. 위반 내용이 없으면 '적법'을 선택하고, 위반 내용 항목에는 '건축물대장상 기록사항 없음'이라고 기재합니다.

위반건축물인 경우, 건축물대장에 노란색 경고 표시가 떠 있으며, 변동 내용에 위반건축물에 대한 변동 내용 및 원인이 기재되어 있습니다.

출처 : 저자 제공

출처 : 한방 프로그램

만약 위반건축물로 확인되면 '위반'에 체크하고, 위반내용란에 건축물대장에 기재된 내용을 그대로 적어 넣습니다. 다만, 실제로 위반 내용이 확인되더라도 건축물대장에 위반건축물 표시가 없다면, 일단 '적법'에 체크하고 옆에 직접 확인한 위반 사항을 함께 기재하면 됩니다(예 : 대장상에는 '사무소'라고 기재되어 있으나, 실제로는 6가구 원룸으로 사용 중).

위반건축물

> 과거에는 일정 주기로 특례법을 제정해 위반건축물을 양성화(위반→합법)해주곤 했으나, 2014년 이후로는 그런 특례법이 없어져서 이행강제금(벌금)이 계속 부과될 수 있습니다. 부동산을 오랜 기간 소유하신 어르신 중에서는 5년만 버티면 괜찮다고 옛 규정에 맞춰 생각하시다가, 최악의 경우 국세 미납으로 부동산에 압류가 걸린 경우도 본 적 있습니다(예로 대학가 원룸촌에 흔히 볼 수 있는 '옥탑방' 대부분이 위반건축물입니다).
> 그러나 현재 이행강제금은 위반 상태가 해소될 때까지 매년 1~2회 반복적으로 부과되는 것이 원칙이며, 위반사항을 시정할 경우, 새로운 이행강제금 부과는 중단되지만, 기존에 부과된 금액은 여전히 납부해야 합니다.

사실 위반건축물 표시가 되어 있으면 그대로 설명하고 기재하면 그만입니다. 문제는 위반건축물 표시가 없었는데 위반건축물인 경우입니다. 특히나 초보 공인중개사들은 어떤 것이 정상이고 어떤 것이 위반인지 현장을 봐도 모르기 때문에 더 두렵게만 느껴집니다. 특히 상가 임대나 매매 시, 건축물대장상 위반표시가 없고 중개사도 위반 여부를 인지하지 못한 상태에서 계약을 진행했다가, 추후 위반 사실이 드러나면 임차인이 영업을 못 하게 되거나 매수인에게 이행강제금이 청구될 수도 있습니다. 그렇기 때문에 대표적인 위반건축물 사례에 대해서는 미리 알아두는 것이 좋습니다.

특히나 구도심이나 노후 주택가 근처에서 중개를 한다면 위반건축물 이슈가 많을 수 있으니 미리 확인해주시기 바랍니다.

가장 대표적인 위반건축물 의심 사례는 다음과 같습니다.

불법적인 베란다 확장 & 일조권 제한을 피해 계단식으로 건축된 부분을 불법 확장
- 주로 빌라, 단독주택에서 발생. 준공 후에 건축물이 꺾여진 부분을 덧대어 공간을 확장한 경우

불법 복층 공사
- 최초 설계 시 복층이 아닌 구조로 설계되었는데 준공 후 거주자가 불법으로 복층을 추가 시공하는 경우
- 천장 높이가 높은 경우, 내부에 추가로 층을 만들어 거주 공간을 늘리는 형태

불법 시설물 설치
- 고시원 내에 취사 시설을 설치
- 1층 필로티 주차장을 창고로 개조해서 이용

단독주택·다가구주택·다세대주택의 불법 복층 증축
- 원래 다락(창고) 용도로 설계된 공간을 거주 공간으로 개조
- 구조적으로 층을 올려 면적을 확장하는 경우

발코니 확장

• 지자체에 신고되지 않은 불법 확장

기타

• 옥외광고물법 위반(너무 튀고 큰 간판, 여러 개의 간판 의심)

• 소방법 위반(공용 부분에 설치된 것 의심)

이러한 내용을 인지하고 있더라도, 중개사 역시 모든 것을 완벽히 파악할 수는 없기에 예상치 못한 문제가 발생할 가능성은 항상 존재합니다.

| 건축물대장상 위반건축물 여부 | ○ 위반 ● 적법 | 위반내용 | 건축물대장에 등재되지 않은 위반건축물이 존재하지 않음을 매도인이 확인함. |

출처 : 한방 프로그램

최대한 확인했음에도 놓칠 수 있는 부분이 있을 수 있기 때문에 법적 분쟁을 대비해 미리 계약서나 특약 등에 관련 내용을 명시하고, 설명의무를 다했음을 기록해두는 것이 안전합니다. 간혹 너무 매력적이라 생각하는 공간이 불법인 경우가 많습니다. 크고 화려한 간판, 가게 앞 데크, 복층 등이 그 예입니다.

중개사가 충분히 설명했고 고객이 인지한 상태라면 책임은 고객에게 있습니다. 하지만 설명하지 않아 고객이 모른 채 계약했다면, 문제가 될 수 있으니 반드시 체크하시기 바랍니다.

② 권리관계

등기부 기재사항		소유권에 관한 사항		소유권 외의 권리사항
② 권리관계	토지	고○○ 861219-******* 서울특별시 (이하주소)	토지	2021.03.02 접수 채권최고액 금399,000,000원 채무자 고○○ 근저당권자: 중소기업은행
	건축물	상동	건축물	상동

출처 : 한방 프로그램

등기사항증명서의 갑구(소유권에 관한 사항)와 을구(소유권 외의 권리 사항)를 보고 그대로 기재합니다. 계약자의 현재 인적 사항과 관계없이 등기사항증명서에 관한 내용을 제대로 확인·설명했는지 확인하는 칸입니다.

[갑 구] 소유권에 관한 사항

【 갑 구 】 (소유권에 관한 사항)				
순위번호	등 기 목 적	접 수	등 기 원 인	권리자 및 기타사항
2	소유권이전	2021년3월2일 제27438호	2019년5월17일 매매	소유자 고○○ 861219-******* 서울특별시
	1번신탁등기말소		신탁재산의 처분	

출처 : 저자 제공

- 등기사항증명서(토지·건물) 갑구에 표시된 등기소유자를 확인해 소유자의 성명·주소 등 기재
- 공동소유인 매물이라면 그 지분도 함께 기재

[을 구] 소유권 외의 권리사항

- 등기사항증명서(토지·건물) 을구에 표시된 소유권 이외의 모든 권리를 기

재·거래일 현재 등기사항등명서상 공시된 각종 처분 제한이나 제한물권이 있으면 그 날짜(접수일 등) 또는 기간, 채권최고액, 채권자·채무자 등을 기재하고, 가등기·예고등기, 가압류, 임차권 등이 있으면 그 내용도 함께 기재

【 을 구 】 (소유권 이외의 권리에 관한 사항)				
순위번호	등 기 목 적	접 수	등 기 원 인	권리자 및 기타사항
1	근저당권설정	2021년3월2일 제27439호	2021년3월2일 설정계약	채권최고액 금399,000,000원 채무자 고▓▓ 서울특별시 ▓▓▓▓▓▓ 근저당권자 중소기업은행 1)▓▓▓▓▓▓ 서울특별시 중구 을지로 79(을지로2가) (신수동지점)

출처 : 저자 제공

일반건축물의 경우, 건물과 토지의 등기가 별도로 존재하므로 각각 확인해서 정확히 기재해야 합니다.

반면, 아파트나 오피스텔과 같은 집합건물은 기재 방법을 헷갈려하는 경우가 많습니다. 융자(대출)가 있는 경우, 건축물에만 근저당 설정 내용을 기재하고 토지에는 '해당 사항 없음'을 기재해도 무방합니다(물론 토지는 대지권으로 정리되었다는 전제하에). 다만, 실무적으로는 토지에 근저당 설정 내용을 기재한 후, 건축물에는 '상동'이라고 표기하는 경우가 더 일반적입니다.

집합건물(아파트, 오피스텔 등)의 경우 근저당 설정은 건물(전유 부분)에 이루어지며 대지권은 이에 종속됩니다. 즉, 건물에 근저당이 설정되면 대지권에도 자동으로 효력이 미치므로, 토지에 근저당 내용을 기재하고

건축물에 '상동'이라고 표기하든, 토지에 '해당 사항 없음'을 기재하고 건축물에 내용을 기재하든 실질적인 차이는 없습니다.

    단, 주의사항이 있습니다. 집합건물의 경우에 등기사항증명서상에 '공동담보'나 '매매 목록'이라는 단어가 보이면 아래와 같이 체크해서 다시 열람해주세요. 또한 '토지등기 별도 있음'이라는 문구가 있다면 토지등기도 대지권이 아닌 다른 내용이 있기 때문에 확인해야 합니다. 이 경우는 일반적인 사항은 아니니 전후 사정을 파악한 뒤에 중개하시길 바랍니다.

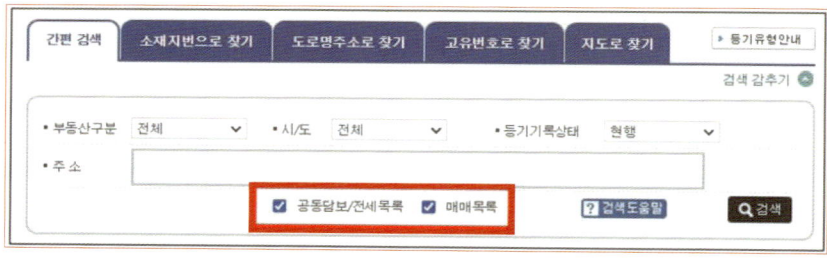

출처 : 인터넷 등기소

- **공동담보** : 동일한 채권을 담보하기 위해 여러 개의 담보물을 제공하는 것 (보통 일반건물의 경우 건물과 토지가 함께 공동담보로 잡혀 있는 경우가 많음).
- **매매 목록** : 거래 부동산이 2개 이상인 경우, 또는 거래 부동산이 1개라 하더라도 여러 명의 매도인과 여러 명의 매수인 사이의 매매계약인 경우

TIP

등기사항증명서 열람 시 알면 좋은 꿀팁 1

아파트처럼 호수가 많은 집합건물의 경우 해당 주소지를 검색하면 모든 동호수가 검색되기 때문에 굉장히 많은 등기가 검색되어요. 이 때 지번 주소만 적지 말고 뒤에 동 호수에 해당하는 숫자를 적으면 그 해당 등기만 나와요!

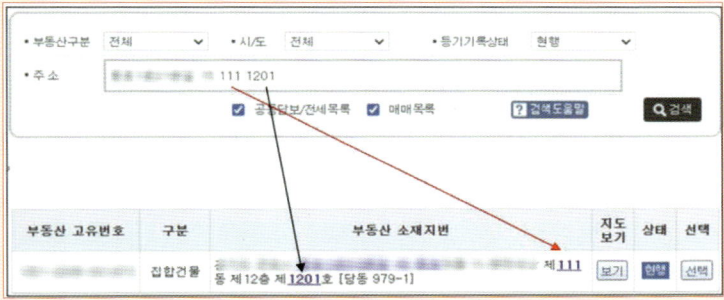

출처 : 인터넷 등기소

등기사항증명서 열람 시 알면 좋은 꿀팁 2

등기부등본을 열람할 때, 말소사항과 유효사항이 복잡하게 표시되어 현재 유효한 권리관계를 한눈에 파악하기 어려운 경우가 많습니다. 이러한 불편을 줄이려면 등기 열람 시 '요약' 옵션을 반드시 체크하는 것이 좋습니다.

'요약' 옵션을 선택하면 등기부등본의 마지막 페이지에 정리된 요약본이 제공되므로, 복잡한 등기 내용을 보다 쉽고 정확하게 확인할 수 있습니다. 특히, 부동산의 권리관계가 여러 차례 변경되었거나 권리자가 다수인 경우, 요약본을 활용하면 현재의 권리관계를 한눈에 파악할 수 있어 매우 유용합니다. 또한, 손님에게 설명할 때도 마지막 요약본을 중심으로 브리핑하면 보다 명확하고 쉽게 전달할 수 있습니다.

③ **토지이용계획, 공법상 이용 제한 및 거래 규제에 관한 사항**(토지)

출처 : 한방 프로그램

중개 대상물 확인·설명서의 '토지이용계획, 공법상 이용 제한 및 거래 규제에 관한 사항' 항목은 계약 유형에 따라 작성 여부가 달라지는데, 임대차계약의 경우 생략하고 매매계약의 경우에는 이 항목을 반드시 작성해야 합니다. 필요한 정보는 대부분 씨:리얼이나 토지이용계획확인서(토지이음)를 통해 확인할 수 있습니다. 각 시스템에 버튼으로 자동 연결되어 있어 편리하게 이용할 수 있습니다.

실무에서는 특히 '토지이음' 사이트가 선호되는 편입니다. 토지이음은 해당 토지에 관한 종합적인 정보를 한눈에 쉽게 파악할 수 있어 업무 효율성이 높기 때문입니다. 씨:리얼의 경우 상대적으로 사용이 불편하다는 평가를 받고 있어, 많은 중개사들이 토지이음을 주로 활용하고 있습니다.

용도지역, 용도지구, 용도구역
- 용도지역 → 토지의 기본적인 사용 목적을 정하는 가장 큰 개념
- 용도지구 → 용도지역을 보완해 세부적인 규제를 추가하는 개념
- 용도구역 → 광역적·국가적 차원에서 개발을 제한하거나 유도하는 구역

용도지역은 토지의 기본적인 성격을 결정하며, 용도지구는 그 지역 내에서 더 세밀한 규제를 적용하는 보조적인 개념입니다. 용도구역은 용도지역과는 별개로 지정되며, 개발을 제한하거나 유도하는 목적이 큽니다.

| 씨:리얼 | 토지이용계획 확인 | ※ 임대차 계약시 ③ 생략 가능 | 생략처리(임대차 일 경우 사용) |

③ 토지이용계획, 공법상이용제한 및 거래규제에 관한 사항 (토지)

*별지작성

- 지역·지구
  - 용도지역: 일반공업지역
  - 용도지구: 해당없음
  - 용도구역(직접입력가능): 지구단위계획구역
- 건폐율상한: 70 %
- 용적률상한: 350 %
- 도시·군계획시설 기재 예시: 중로1류(폭20m~25m) 소공원(저촉) 연결녹지(저촉)
- 허가신고구역 여부: □토지거래허가구역
- 투기지역 여부: □토지투기지역 □주택투기지역 □투기과열지구
- 지구단위계획구역: 지구단위계획구역
- 그밖의 도시·군관리 계획 기재 예시
- 그 밖의 이용제한 및 거래 규제사항 기재 예시: 과밀억제권역(수도권정비계획법) 폐기물매립시설 설치제한지역 상대보호구역(교육환경보호에관한법률)

출처 : 한방 프로그램

지역·지구·구역에 관한 내용은 토지이용계획확인서에서 확인한 후, 목록 중 해당하는 항목이 있으면 선택하고, 해당하는 내용이 없으면 '해당 없음'으로 표시하면 됩니다. 또한, 토지이용계획확인서에 기재된 명칭과 정확히 일치하는 것이 없더라도 중요해서 기재해야 한다고 판단되는 사항이 있다면, '직접 입력'을 클릭해 직접 작성할 수 있습니다.

간혹, 적어야 할지 말아야 할지 망설여지는 부분이 있지만, 중개 대상물 확인·설명서는 말 그대로 '물건 설명서'입니다. 중개사가 판단하기에 중요한 정보라고 생각된다면 적극적으로 기재하는 것이 바람직합니다.

건폐율 상한, 용적률 상한

- 건폐율 상한 : 대지면적에 대한 건축 바닥면적의 비율을 의미하며, 관련 법률에 의한 시·도 조례, 시·군·구 조례에서 정하고 있는 건폐율 상한을 기재
- 용적율 상한 : 대지면적에 대한 건축물 연면적의 비율을 의미하며, 관련 법

률에 의한 시·도 조례, 시·군·구 조례에서 정하고 있는 용적률 상한을 기재

 실무상 편의를 위해 토지이음 사이트를 이용합니다. 검색창에 해당 주소 검색 후 페이지를 아래로 스크롤하면 '행위 제한 내용 설명' 항목을 찾을 수 있는데, 이 중 건폐율·용적률 항목을 클릭하면 확인할 수 있습니다.

 일반적으로 건축물대장에 기재된 건폐율과 용적률을 확인해 중개대상물 확인·설명서에 기재하면 됩니다. 그러나 건폐율과 용적률이 중요한 계약(예 : 건물 매매 등)의 경우, 보다 정확한 확인이 필요합니다. 만약

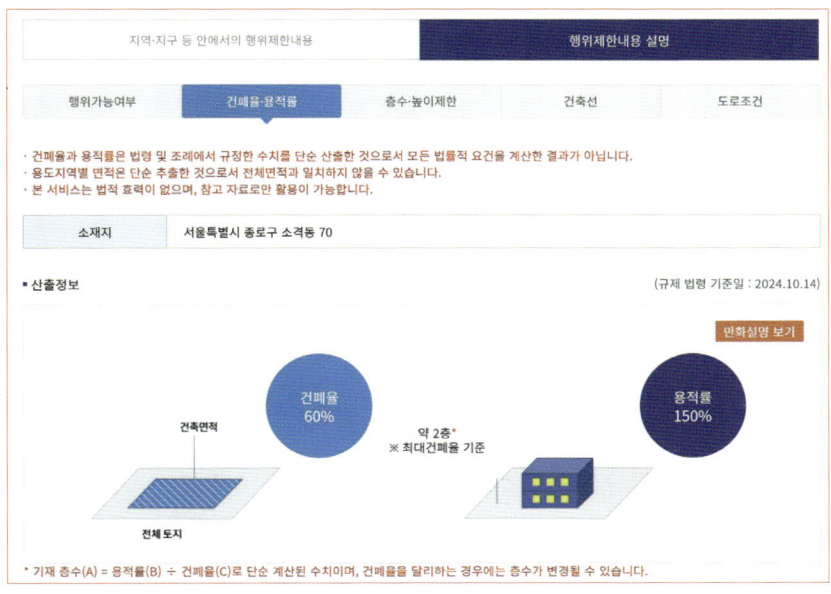

출처 : 토지이음

토지이음 사이트에서 해당 정보가 제공되지 않거나 좀 더 정확한 정보가 필요하다면, 국가법령센터나 자치법규시스템에서 관련 법령을 조회하거나, 지자체의 건축과에 직접 문의해서 확인하는 것이 좋습니다.

집합건물(예 : 아파트, 오피스텔, 상가 등)의 개별 호실을 매매하거나 임대차할 경우에는 건폐율과 용적률이 직접적인 계약의 핵심 요소가 아니기 때문에, 이를 다소 잘못 기재하더라도 실질적인 문제가 발생할 가능성은 낮습니다.

하지만 토지나 건물 전체를 매매하는 경우에는 이야기가 달라집니다. 이 경우, 건폐율과 용적률은 매수인의 투자 판단에 영향을 주거나 분쟁으로 이어질 수도 있기 때문에 이를 잘못 이해하거나 부정확하게 이해해서 기재할 경우, 계약 전반에 큰 영향을 미칠 수 있습니다.

'토지이음'이나 '자치법규정보시스템' 등에서 제공하는 정보는 기본적인 확인용으로는 충분히 활용할 수 있지만, 해당 시스템들이 최신 조례나 세부 행정 해석까지 완벽히 반영하지 못하는 경우도 있어 단순 참고 자료로만 보는 것이 안전합니다.

따라서 실무에서는 토지나 건물 매매 시 관할 지자체 건축과에 직접 문의해 정확한 기준을 확인하는 것이 필수이며, 지역 건축사무소를 통해 이중 확인하는 방식도 리스크를 줄이는 좋은 방법입니다.

도시군계획시설, 지구단위계획구역 그 밖의 도시·군 관리계획, 그 밖의 이용 제한 및 거래 규제사항

도시·군계획 시설 기재 예시		허가·신고 구역 여부	☐ 토지거래허가구역
		투기지역 여부	☐ 토지투기지역 ☐ 주택투기지역 ☐ 투기과열지구
지구단위계획구역 그밖의 도시·군관리 계획 기재 예시		그 밖의 이용제한 및 거래 규제사항 기재 예시	

출처 : 한방 프로그램

기재 예시 버튼을 눌러보면, 어떤 식으로 기재하면 되는지 설명이 나옵니다. 이 내용을 참고해 적어주시면 됩니다(해당 사항이 없을 경우에는 '해당 없음'으로 기재).

- **도시·군 계획시설 기재 예시**
- 도로접합
- 소로2류(폭 8~10m)(저촉)
- 대로1류(폭 35~40m)
- 지하도로철도(저촉)

- **지구단위계획구역 그 밖의 도시·군 관리계획 기재 예시**(확인 경로 : 토지이음 〉 도시계획 〉 관련고시정보에서 확인 가능)
- 제1종 지구단위계획구역제
- 2종 지구단위계획구역
- ㅇㅇ지구도시개발사업(00시 고시 제2021-123호)

- • 그 밖의 이용 제한 및 거래 규제 사항 기재 예시
- – 과밀억제권역(수도권 정비계획법)
- – 농지취득 자격증명(농지법)
- – 외국인 등의 토지거래허가(부동산 거래신고법)
- – 건축선(2019-03-28)(3m 건축선 지정구역(세부사항은 건축과 문의))
- – 비오톱1등급(저촉)

허가·신고 구역 여부 & 투기지역 여부

지역별 규제 사항, 특히 토지거래허가구역 여부나 투기지역 지정 여부는 정부의 부동산 정책과 지역 상황에 따라 자주 바뀌는 중요한 요소입니다. 이런 규제는 거래 성사 여부에 직접적인 영향을 줄 수 있기 때문에 중개 업무를 할 때 꼭 신경 써야 하는 부분이에요.

그중에서도 토지거래허가구역 여부는 반드시 확인해야 하는 핵심 사항이에요. 쉽게 확인하는 방법으로는 토지이음 사이트를 이용하는 게 좋아요. 메뉴에서 '고시정보(→결정고시)'를 선택한 후, '고시 제목'에 '토지거래허가구역'을 검색하면 최신 고시 내용을 바로 확인할 수 있어요.

그런데 사실 더 중요한 것은, 계약 단계에서 급하게 확인하는 게 아니라, 미리미리 중개 대상 지역의 규제 현황을 알고 있어야 한다는 것이에요. 중개사라면 자신이 활동하는 지역의 토지거래허가구역 지정 여부를 항상 숙지하고 있어야 원활하게 업무를 진행할 수 있습니다.

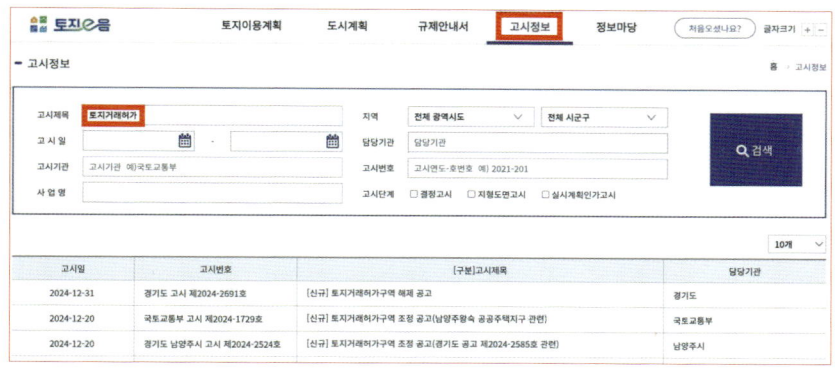

출처 : 토지이음

토지거래허가구역은 투기적 거래를 방지하기 위해 지정된 특별 관리 지역입니다. 이 구역 내에서 일정 규모 이상의 부동산을 거래할 경우에는 특별한 요건들을 충족해야 합니다.

예를 들어, 주택의 경우 실거주 의무가 생기고 매수할 경우 자금 조달 계획서 제출 등 추가적인 서류가 요구됩니다. 따라서 해당 구역에서 중개 업무를 수행하는 공인중개사는 이러한 요건들을 상세히 파악하고 있어야 합니다.

부동산 규제 용어도 시대에 따라 변화해왔습니다. '주택 투기지역'이나 '토지 투기지역'이라는 용어는 2012년 전국 지정 해제 이후로는 거의 사용되지 않고 있습니다.

현재는 '조정대상지역'과 '투기과열지구'라는 용어가 주로 사용되고 있습니다. 2025년 6월 현재 규제지역으로 지정된 곳은 서울의 용산구와 강남 3구(강남구, 서초구, 송파구)뿐이며, 이 지역들은 조정대상지역인 동시에 투기과열지구로 지정되어 있습니다. 이외의 모든 지역은 비규제지역으로 분류됩니다.

이러한 규제 현황은 정책이나 정권에 따라 변동될 수 있으므로, 국토교통부 홈페이지나 국가법령정보센터를 통해 최신 정보를 정기적으로 확인하는 것이 중요합니다. 특히 규제지역에서 중개 업무를 수행할 경우, 해당 지역의 구체적인 규제 내용을 정확히 파악해서 거래 당사자들에게 적절한 안내를 할 수 있어야 합니다.

실무적으로는 '호갱노노' 사이트에서도 해당 정보를 편리하게 확인할 수 있습니다. 공식 정보는 국토교통부나 국가법령정보센터를 통해 확인하는 것이 기본이지만, 호갱노노는 사용자 친화적인 인터페이스로 관련 정보를 쉽게 찾아볼 수 있어 실무에서 유용하게 활용될 수 있습니다.

출처 : 호갱노노

이처럼 다양한 경로를 통해 규제 관련 정보를 확인할 수 있으니, 본인에게 가장 편리한 방법을 선택해서 활용하시면 됩니다.

④ 임대차 확인사항(주거용에만 해당)

2024년 7월 10일 공인중개사법이 개정되며 새로 신설된 항목들이 있습니다. 바로 확정일자 부여 현황 정보, 국세 및 지방세 체납정보, 전입세대 확인서, 최우선변제금에 대한 항목인데요. 이는 주택 전·월세 사기 예방을 위해 공인중개사에게 확인 의무를 부여한 내용입니다. 이를 통해 임차인에게 필요한 정보를 충분히 제공하고, 전세 사기로 인한 피해를 사전에 방지하는 데 주안점을 두고 있습니다.

주택임대차계약인 경우에는 모든 임대차 확인 사항을 하나도 빠짐없이 기재해야 하며, 매매의 경우에는 아래 확인 사항 중 '계약갱신요구권 행사 여부'만 기재하면 됩니다.

출처 : 한방 프로그램

확정일자 부여 현황 정보

확정일자 부여 현황이란, 해당 건물의 선순위 세입자 보증금 규모와 확정일자 부여일을 한눈에 파악할 수 있는 서류입니다.

등기사항증명서에는 선순위 세입자의 보증금 정보는 나타나지 않기 때문에 확정일자 부여 현황 정보를 통해 별도로 확인을 하는 거죠. 확정일자가 더 빠른 임차인들의 보증금 총액이 많으면, 건물이 나중에 경매로 넘어갔을 때 그 임차인들에게 먼저 보증금이 돌아가기 때문에, 후순위 임차인은 보증금을 전부 또는 일부 돌려받지 못할 수 있습니다. 이 서류는 그런 위험이 있는지를 미리 확인하기 위해 열람하는 자료입니다.

이 서류는 특히 다가구주택, 다중주택, 단독주택 등의 임대차계약 시 반드시 확인해야 합니다. 이러한 건물들은 구분등기가 되어 있지 않고 여러 세입자가 한 건물에 거주하는 구조이기 때문에 계약 전, 선순위 세입자들의 임차보증금 총액과 건물 가액 대비 비율을 파악해 새로운 후순위 세입자의 보증금이 안전한지를 판단하는 것입니다.

작성법
① 임대인이 자료를 제출한 경우
   '임대인 자료 제출'에 체크하고 제출된 자료를 근거로 임차인에게 설명하면 됩니다. '임차인 권리설명'에 꼭 체크하세요.
② 임대인이 자료는 미제출했지만, 열람은 동의한 경우

'열람동의'에 체크하고 임차인에게 직접 자료를 열람할 수 있음을 설명하면 됩니다. '임차인 권리 설명'에도 꼭 함께 체크하세요.
※임차인 열람 동의 체크 시 주의사항' 확인

국세 및 지방세 체납 정보

국세 및 지방세 납세증명서는 임대인의 세금 체납 여부를 확인할 수 있는 서류입니다. 정부24 웹사이트에서 간단한 본인 인증만으로 발급할 수 있으며, 다른 서류에 비해 열람 및 출력이 간단하기 때문에 임대인에게 계약일까지 직접 준비해오라고 요청하는 것이 좋습니다. 만약 계약일에 준비해오지 못한 경우 부동산 공인중개사 사무소에서 정부24 사이트에 접속한 뒤 임대인의 카카오톡 인증 등을 통해 로그인해서 열람 및 출력하는 것도 가능하니 되도록 이 서류는 계약일에 준비해주는 것이 좋습니다.

보증금이 1천만 원을 초과하는 경우, 임차인은 임대인의 동의 없이도 임대차계약 체결일부터 임대차 시작일까지 임대인의 국세와 지방세 체납 내역을 열람할 수 있습니다. 이 점을 반드시 임차인에게 설명해주셔야 합니다.

임대차 확인사항 항목 중 '[ ] 임차인의 권리 설명' 부분은 반드시 체크해야 하며, 위와 같이 "임차인이 확정일자 부여기관에 정보제공을 요청할 수 있다"는 사항과 "임대인이 납부하지 않은 국세 또는 지방세 열람을 신청할 수 있다"는 사항은 반드시 임차인에게 설명해야 합니다 (공인중개사법 제25조의3).

작성법

① 임대인이 자료를 제출한 경우
'임대인 자료 제출'에 체크하고 제출된 자료를 근거로 임차인에게 설명하면 됩니다. '임차인 권리 설명'에 꼭 체크하세요.

② 임대인이 자료를 미제출했지만, 열람은 동의한 경우
'열람 동의'에 체크하고 임차인에게 직접 자료를 열람할 수 있음을 설명하면 됩니다. '임차인 권리 설명'에도 꼭 함께 체크하세요.

③ 임대인 자료 미제출 및 열람 동의 거부 시
사실 이러한 경우, 보증금 소액 월세계약을 제외하고는 계약 진행 자체가 어려울 것입니다. 그럼에도 불구하고 양측이 모두 원해서 계약을 진행해야 한다면, 임차인 권리설명에만 체크하신 후 중개 대상물 확인·설명서의 ⑩번 항목 '실제 권리관계 또는 공시되지 않은 물건의 권리 사항' 란에 '임대인 임대차 확인 자료 미제출 및 열람 동의 거부'를 명확히 기재하고, 이 사실을 임차인에게 반드시 설명해야 합니다.

다만 중개사 본인이 위험하다고 판단되는 거래는 중개를 자제하는 것이 바람직합니다. 이는 임차인 보호와 중개사 자신의 리스크 관리를 위해서도 매우 중요한 원칙입니다.

※ 임차인 열람 동의 체크 시 주의사항

出處 : 한방 프로그램

'임대차 확인 사항'의 '열람 동의' 란은, 임대차계약 체결 전에 임대인에게 직접 열람에 대한 동의와 서명을 받고, 관련 서류를 준비해 준 경우에 체크(V)합니다.

제시 서류	서식 종류	계약 전 열람 시 준비 서류
확정일자 부여 현황	주택임대차계약증서상의 확정일자부여 및 임대차정보제공에 관한 규칙 별지 제3호 서식	1. 임대인 동의서(신청서 란에 위임자, 신청인의 서명(날인)으로 갈음할 수 있음) 2. 인감증명서, 본인서명사실 확인서 또는 신분증사본
국세납세 증명서	국세징수법시행규칙 별지 제95호 서식	1. 주민등록증 또는 운전면허증 사본 2. 임대인의 동의를 증명할 수 있는 서류(신청서 란에 임대인의 서명(날인)으로 갈음할 수 있음) 3. 동의서(위임장)(민원처리에 관한 법률 시행규칙 별지서식2호)
지방세 납세증명서	지방세징수법시행규칙 별지 제2호 서식	1. 임대인 및 임차인의 신분을 증명하는 서류 2. 임대인의 동의를 증명할 수 있는 서류(신청서 란에 임대인의 서명(날인)으로 갈음할 수 있음)

* 서식은 한국 공인중개사 협회 홈페이지 또는 한방 프로그램에 연동 및 게재되어 있음.

이 내용의 핵심은, '임대차계약을 체결하기 전'에 임대인이 열람 동의서와 신분증 사본 등을 임차인이 되려는 사람에게 제공한 경우, '열람 동의' 항목에 체크해야 한다는 점입니다.

하지만 실무적으로는 아직 계약도 체결되지 않은 단계에서, 임대인이 임차인이 되려는 사람에게 체납 정보 열람 동의서나 신분증 사본까지 미리 제공하는 것은 쉽지 않습니다. 특히 전·월세 수요가 많은 지역일수록 임대인의 협조를 받는 것이 더 어렵습니다.

이렇다 보니 실제 현장에서는 계약 당일에 임대인이 구두로 '열람에 동의한다'고 말하면, 별도의 서류 없이 '열람동의'와 '임차인 권리 설명'에 체크하고 계약을 진행하는 경우가 훨씬 많습니다(계약 후에는 임차인은 임대차계약서를 들고 임대인의 체납 및 확정일자 부여현황등을 직접 열람할 수 있습니다).

이 부분에 대해 국토부나 한국공인중개사협회측의 좀 더 현실적이고 명확한 가이드가 나왔으면 하는 바람입니다.

전입 세대 확인서

전입 세대 열람원(전입 세대 확인서)은 계약하려는 집에 누군가가 전입신고를 하고, 실제 거주하고 있는지를 확인할 수 있는 서류입니다. 이를 통해 소유자, 임차인, 금융기관 등이 해당 건물이나 소재지에 주민등록이 되어 있는 세대주와 등본상 동거인 정보를 파악할 수 있습니다.

전입 세대 확인서 자료 제출은 주택임대차보호법상 임대인의 의무 사항은 아닙니다. 따라서 임대인이 해당 서류를 제출하지 않는 경우라면, 미확인에 체크하고 임차인에게 직접 열람·교부받을 수 있는 신청 방법만 설명하시면 됩니다. 또한 기존에 임대인이 거주했던 경우이거나 확정일자 부여 현황을 통해 선순위의 모든 세대가 확인되어 계약하려는 호실에 전입한 사람이 없는 경우 등에는 '해당 없음'에 V로 표시합니다.

열람은 임대차계약자 본인이 시·군·구 및 읍·면·동 출장소에 방문해 신청합니다(주민등록법 제29조의2 제2항 / 신분증과 임대차계약서 지참).

최우선변제금

최우선변제금은 주택임대차보호법에 따라 소액임차인에게 보장되는 특별한 보호 장치입니다. 이는 해당 주택이 경매에 넘어가더라도 다른 선순위 채권보다 우선해서 변제받을 수 있는 금액을 의미합니다.

여기서 주의할 점은 최우선변제금은 등기사항증명서상에 근저당권 등 선순위 담보물권이 설정된 날짜(접수일)의 소액임차인 범위, 그리고 최우선변제금액을 기준으로 설명되어야 한다는 것입니다(선순위 담보물권이 없으면 계약일 현재 날짜를 기준으로 기재하면 됩니다). 한방 프로그램에서 작성 시 최우선변제금이란 단어 옆 '보기' 버튼을 누르면 최신 날짜 기준으로 최우선변제금액을 확인할 수 있으니 참고해서 작성해주세요.

2021. 5. 11.~	서울특별시	1억 5천만원 이하	5,000만원
	수도권정비계획법에 따른 과밀억제권역(서울특별시 제외), 세종특별자치시, 용인시, 화성시 및 김포시	1억 3천만원 이하	4,300만원
	광역시(수도권정비계획법에 따른 과밀억제권역에 포함된 지역과 군지역 제외), 안산시, 광주시, 파주시, 이천시 및 평택시	7,000만원 이하	2,300만원
	그 밖의 지역	6,000만원 이하	2,000만원
2023. 2. 21.~	서울특별시	1억 6천500만원 이하	5,500만원
	수도권정비계획법에 따른 과밀억제권역(서울특별시 제외), 세종특별자치시, 용인시, 화성시 및 김포시	1억 4천500만원 이하	4,800만원
	광역시(수도권정비계획법에 따른 과밀억제권역에 포함된 지역과 군지역 제외), 안산시, 광주시, 파주시, 이천시 및 평택시	8,500만원 이하	2,800만원
	그 밖의 지역	7,500만원 이하	2,500만원

확정일자 부여현황 정보	☐ 임대인 자료 제출 ☑ 열람 동의		☑ 임차인 권리 설명
국세 및 지방세 체납정보	☑ 임대인 자료 제출 ☐ 열람 동의	국세 열람서식 지방세 열람서식	☑ 임차인 권리 설명
전입세대 확인서	○ 확인(확인서류 첨부) ● 미확인(열람 · 교부 신청방법 설명) ○ 해당 없음		
최우선변제금 보기	소액임차인범위: 16,500 만원 이하 최우선변제금액: 5,500 만원 이하		

출처 : 한방 프로그램

민간임대등록 여부(해당하는 경우만 작성)

민간임대등록여부	등록	○ 장기일반민간임대주택 ○ 공공지원민간임대주택 ○ 그 밖의 유형 ( )
		임대의무기간 0 년 임대개시일 ___-__-__
	미등록	● 해당 사항 없음

출처 : 한방 프로그램

만약 해당 주택이 민간임대주택(주택임대사업자의 임대주택)으로 등록되어 있다면, 이미 표준임대차계약서를 사용했더라도 확인·설명서에도 이에 관한 내용을 다시 한번 기재해야 해요. 반면 일반 주택임대차계약 또는 비주거용 부동산 계약인 경우에는 '미등록'의 '해당 사항 없음' 항목에 체크만 하면 됩니다.

계약갱신요구권 행사 여부(세입자가 있는 상태로 매매계약하게 될 경우만 해당)

| 계약갱신
요구권
행사여부 | ○ 확인(확인서류 첨부) ○ 미확인 ● 해당없음 | 확인서 출력 | 확인서 빈양식 출력 |

출처 : 한방 프로그램

계약갱신요구권 행사 여부에 대한 서류는 매매계약에서만 해당합니다. 매매 대상 주택에 '주택임대차보호법'의 적용을 받는 임차인이 있는 경우, 계약갱신요구권 행사 여부를 확인해야 합니다.

> **작성법**
> ① 매도인(임대인)으로부터 관련 서류를 제출받으면 '확인'에 ∨ 표시 후 해당 서류를 첨부하고, 서류를 받지 못한 경우 '미확인'에 ∨ 표시합니다.
> ② 임차인이 없는 경우(매도인이 실거주하다가 매도하는 경우, 공실인 상태로 매도 등)에는 '해당 없음'에 ∨ 표시하면 됩니다.

기존 세입자가 있는 상태로 주택을 매매할 때, 계약갱신요구권 행사 여부는 굉장히 중요한 요소입니다. 세입자가 계약갱신을 요구하면 매수인의 실입주 가능성이 제한될 수 있어 매매계약 결정에 영향을 미칠 수 있기 때문이에요. 단, 집주인이 직접 거주하던 주택을 매매하는 경우나 신축건물에 신규 임대차계약을 하게 되는 경우, 또는 세입자 없는 공실 상태로 매도하는 경우는 해당 사항이 없으므로 '해당 없음'으로 표기하면 됩니다.

세입자의 계약갱신요구권 행사 여부에 대한 확인 서류는 '확인서 출력' 버튼을 눌러서 나온 양식에 맞춰 기재한 후, 기존 임차인의 서명, 매도인의 서명을 받으면 됩니다.

> **참고**
> 계약갱신요구권은 2020년 7월 31일 개정된 '주택임대차보호법'에 따라 도입되었습니다.
>
> **주요 내용**
> - 임차인은 1회에 한해 계약갱신을 요구할 수 있으며, 임대인은 정당한 사유 없이 이를 거절할 수 없음.
> - 이를 통해 기존 2년 임대차 기간을 최대 4년(2+2년)까지 보장받을 수 있음.
> - 임대료 증액 상한제(5% 이내 제한)도 함께 도입됨.
>
> 따라서, 2020년 7월 31일 이후 체결된 임대차계약부터 적용되었습니다.

이 계약갱신요구권이 처음 도입된 이후, 시장은 말 그대로 큰 혼란에 빠졌습니다. 각기 다른 분쟁 상황이 생겼고, 그에 대한 명확한 지침은 없다 보니 임대인과 임차인이 서로 적이 되어 싸우기도 했습니다. 이런 이유로 주택 매매 시 임차 중인 세입자가 있는 경우, 임차인이 이 계약갱신청구권을 사용하는지에 대한 부분이 굉장히 민감한 사안이었습니다.

그러던 중, 최근 대법원 판례 (대법원_2022다279795)에 따라 이 조항의 중요도가 다소 낮아졌습니다. 판례에 따르면, 세입자가 계약갱신청구권을 행사하겠다고 했더라도, 소유권 이전등기를 마친 새로운 임대인(매수인)이 갱신거절 기간(임대차만료 6개월 전~2개월 전) 내에 본인 또는 직계 비존속의 실거주를 이유로 갱신을 거절하면, 세입자는 퇴거해야 합니다.

이러한 판결로 인해 계약갱신청구권 관련 서류의 법적 중요성은 예전보다 감소했지만, 여전히 확인·설명서의 기재사항이고 분쟁 예방을 위해 정확한 작성이 필요합니다. 계약갱신청구권과 관련해서 당사자 간에 구두로만 약속했다가 번복되는 사례가 많으며, 이로 인해 곤란한 상황이 발생할 가능성이 크기 때문입니다. 따라서 이를 방지하기 위해 근거가 될 서류를 철저히 준비하는 것이 필수적입니다. 물론 이렇게 해도 문제가 완전히 사라지는 것은 아니지만, 기록과 서류를 남겨두면 단순 변심에 따른 번복을 최소화할 수 있습니다.

⑤ 입지 조건

출처 : 한방 프로그램

중개 대상물 확인·설명서의 ⑤번 항목은 중개하는 대상물의 주변 시설이나 교통에 관한 내용을 파악해서 기재하는 부분입니다.

최근 한방 프로그램에 '공적장부조회' 기능을 사용할 수 있도록 새롭게 추가되었습니다. 물건지 주소를 입력하면 근처 교통이나 교육시설이 조회되는 기능인데 아직은 시스템이 완벽하게 구축되지 않아 많은 기능이 제한적이고 사용이 다소 불편한 상황입니다. 향후 시스템이 완전히 업데이트되면 필요한 정보를 한 곳에서 모두 확인할 수 있어 매우 편리할 것으로 예상됩니다.

현재로서는 토지이음이나 네이버지도가 훨씬 간편하기에 이 2가지 사이트를 이용해서 확인하는 방법을 안내해드리겠습니다.

도로와의 관계

도로는 중개 대상물 주위에 몇 미터 도로가 인접했는지 확인해서 작성하고, 포장도로인지 비포장도로인지 체크하는 부분입니다.

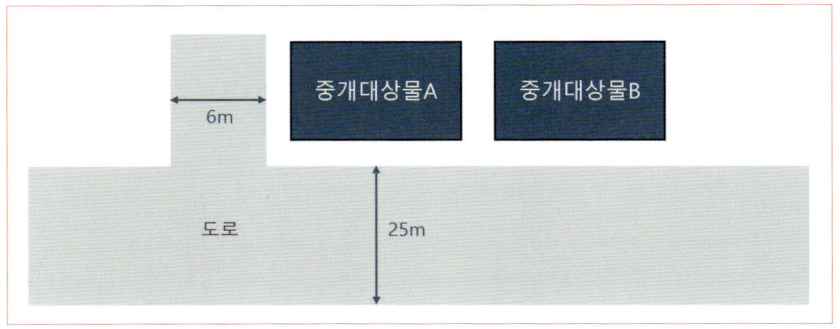

출처 : 저자 제공

중개 대상물이 도로와 어떤 식으로 접하는지, 접한다면 몇 m 도로에 접하는지를 다음과 같이 기재해주시면 됩니다. 토지이음 사이트의 거리재기 기능을 활용하면 편합니다.

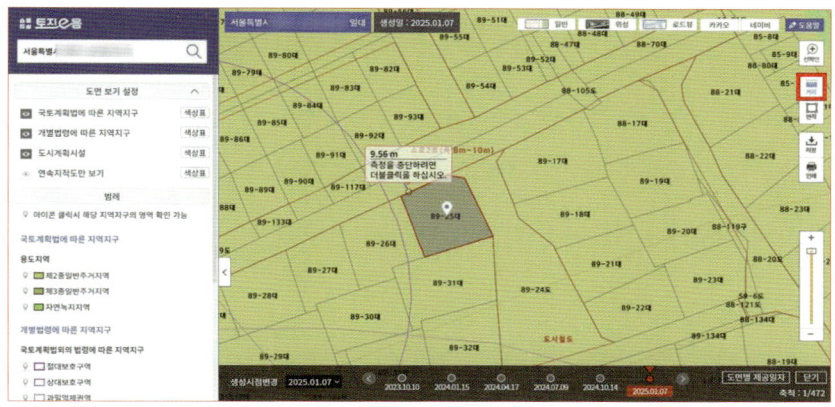

출처 : 토지이음

　네이버 지도에서도 도로 너비를 측정할 때는 오른쪽에 있는 '거리' 측정 도구를 활용할 수 있습니다.

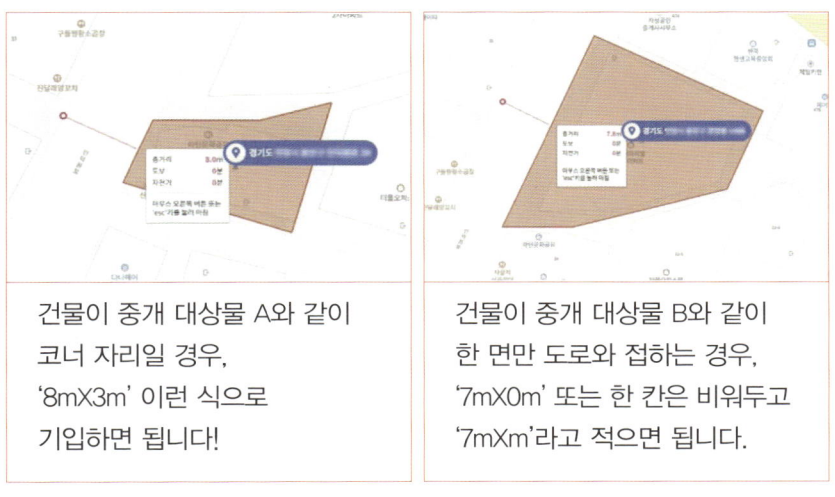

| 건물이 중개 대상물 A와 같이 코너 자리일 경우, '8mX3m' 이런 식으로 기입하면 됩니다! | 건물이 중개 대상물 B와 같이 한 면만 도로와 접하는 경우, '7mX0m' 또는 한 칸은 비워두고 '7mXm'라고 적으면 됩니다. |

출처 : 네이버 지도　　　　　　　　출처 : 네이버 지도

상가임대차나 건물 매매의 경우, 도로와의 관계는 매우 중요한 확인 사항입니다. 상가의 위치, 특히 '목 좋은 곳'인지의 여부나 코너 입지 여부는 사업성과 직결되는 핵심 요소이기 때문입니다.

따라서 상가나 건물을 매매할 때, 특수 차량의 진입이 필요하거나 물류 창고, 공장 등 차량 통행이 잦은 용도의 부동산인 경우에는 도로 폭과의 관계를 더욱 신경 써서 정확하게 기재해야 합니다.

반면, 주거용 부동산의 확인·설명서 작성 시에는 도로와의 관계가 상대적으로 덜 중요합니다. 도로 폭에 오차나 실수가 있더라도 이런 것으로 문제가 발생할 가능성은 매우 낮습니다. 다만 너무 큰 차이가 나지 않도록 주의해서 작성하는 것이 좋습니다.

주차장

중개 대상물 확인·설명서 작성 시 주차장 항목은 실제 이용 가능 여부를 기준으로 작성하는 것이 좋습니다. 건물 내 주차장이 존재하더라도 실제 주차가 불가능한 상황이라면 '없음'에 체크하는 것이 좋습니다. 이는 추후 발생할 수 있는 분쟁을 예방하고 실제 현황을 정확하게 전달하기 위한 것입니다. 또한, 단독으로 사용할 수 있는 경우에는 '전용 주차시설', 집합건물 내 여러 세대가 공동으로 이용하는 경우에는 '공동 주차시설'에 체크합니다.

대중교통 및 교육시설

대중교통 및 교육시설은 고객에게 해당 물건지 주변의 교통 환경과 교육 인프라를 설명하는 부분입니다. 실무적으로는 네이버 지도 또는 네이버 Npay 부동산을 활용하면 편리합니다.

특히, 네이버 Npay 부동산 지도의 우측 패널에서는 대중교통 및 학군 정보를 시각적으로 확인할 수 있어 유용하며, 네이버 지도에서는 도보 및 차량 이동 소요 시간을 쉽게 확인할 수 있습니다. 이를 참고해서 기재하시면 됩니다.

⑥ 관리에 관한 사항

⑥ 관리에 관한 사항	경비실	● 있음 ○ 없음	관리주체	● 위탁관리 ○ 자체관리 ○ 그 밖의 유형
	관리비	금액	총 0 원 (표시하지 않음 ▼)	
		포함비목	☐ 전기료 ☐ 수도료 ☐ 가스사용료 ☐ 난방비 ☐ 인터넷사용료 ☐ TV 수신료 ☐ 그 밖의 비목	
		부과방식	● 임대인이 직접 부과 ○ 관리규약에 따라 부과 ○ 그 밖의 부과 방식	

출처 : 한방 프로그램

경비실

경비실(또는 관리사무소) 유무를 확인해서 체크해야 합니다. 일반적으로 아파트나 오피스텔에는 경비실이 존재하지만, 소형 주택의 경우 경비실이 없는 경우가 많아 소유자에게 물어보거나 현장 확인이 필요합니다. 또한, 경비실이 있다는 것은 위탁 관리 방식으로 운영된다는 이야기이니 관리 주체를 위탁 관리로 체크하면 됩니다.

소형 집합건물의 경우에는 경비실이 없더라도 관리인을 대표로 선출해서 관리업체에 맡기는 경우는 위탁 관리, 소유자(임대인) 본인이 직접 관리하는 경우는 직접 관리에 해당하니 이를 확인한 후 기재하면 됩니다.

반면, 집합건물이 아닌 일반건축물의 경우에는 위탁 관리가 아닌 자체 관리 방식으로 운영될 가능성이 큰데, 이 또한 케이스 바이 케이스이기에 확인해서 기재해야 합니다. 건물주가 관리소장을 직접 고용해서 자체적으로 건물을 관리하는 경우, 위탁 관리가 아닌 자체 관리에 해당하며, 전문 관리업체에 맡기는 경우 위탁 관리에 해당합니다.

관리비

⑥ 관리에 관한 사항	경비실	○ 있음 ○ 없음		관리주체	● 위탁관리 ○ 자체관리 ○ 그 밖의 유형
	관리비	금액	총 0 원 (표시하지 않음 ▼)		
		포함비목	☐ 전기료 ☐ 수도료 ☐ 가스사용료 ☐ 난방비 ☐ 인터넷사용료 ☐ TV 수신료 ☐ 그 밖의 비목		
		부과방식	○ 임대인이 직접 부과 ○ 관리규약에 따라 부과 ○ 그 밖의 부과 방식		

출처 : 한방 프로그램

최근 관리비 관련 규정이 개정되었는데, 이러한 배경에는 원룸, 투룸 등의 임대 매물이 직방, 다방 등 중개 플랫폼에 등록될 때 관리비 내용을 축소해서 표시하는 안 좋은(?) 관행이 있었습니다. 이로 인해 임대료는 낮게 보이지만, 실제 계약 시에는 관리비를 과도하게 부과하는 사례가 많았고, 임대차계약 전 관리비에 대한 명확한 안내가 부족하다는 문제가 제기되었습니다.

이에 따라 관리비 세부 내역의 표시 및 광고 기준이 먼저 개정되었으며, 이어서 중개 대상물 확인·설명서에도 해당 내용을 보다 구체적으로 기재하도록 기준이 강화되었습니다. 단, 공인중개사법 시행령 제21조에 의해 '관리비의 금액과 그 산출 내역'은 '주택임대차 중개의 경우에만' 확인·설명 의무가 있습니다.

실무적으로 알아야 할 기본지식을 먼저 설명해드리자면 관리비는 크게 일반 관리비(공동전기료, 계단 및 정화조 청소 등), 전기세, 수도세, 가스비, 기타(인터넷, TV 등)로 나뉩니다.

작성법

관리비가 월 10만 원 이상 정액으로 부과되는 경우, 관리비 내역을 세부 항목별로 구체적으로 기재해야 합니다. 이를 위해 관리비를 ① 일반 관리비, ② 사용료(전기·수도료, 난방비 등), ③ 기타 관리비로 구분해서 명확히 표시해야 하며, 중개 대상물 광고 단계에서부터 세부 내역을 공개해야 합니다. 또한, 계약 시 중개 대상물 확인·설명서에도 동일하게 기재해야 합니다. 단, 이는 주거용 임대차계약 시에 한하며, 비주거용 부동산을 중개하는 경우에도 임대차라면 관리비에 대한 안내는 필요하지만, 중개 대상물 확인·설명서에 기입하는 별도 항목은 없습니다.

아파트나 단지형 오피스텔의 경우 관리사무소가 있어 관리비 고지서에 의해 내역이 확인되기도 하고 K-apt 공동주택관리시스템

(https://www.k-apt.go.kr/) 사이트에서 해당 단지를 조회해서 최근 1년 월평균 관리비를 기준으로 기재하면 됩니다.

집합건물이 아니거나 소형주택의 경우, 관리사무소가 없어 일반 관리비만 정액으로 책정되고, 수도세, 전기세, 가스비 등은 별도로 부과되는 경우가 많습니다. 이 경우도 금액을 기재하고 포함되는 항목을 체크하면 됩니다.

또한, 다가구주택·다중주택의 경우 건물주(임대인)가 직접 관리하는 경우가 많으며, 이 경우 일반 관리비는 건물주에게 직접 납부하지만, 전기세, 가스비, 수도세 등은 개별 계량기 검침을 통해 사용량에 따라 개별적으로 고지·납부하게 됩니다.

⑦ 비선호시설(1Km 이내)

| ⑦ 비선호시설(1Km이내) | ◉ 없음　◯ 있음　(종류 및 위치:　　　　　　　) |

출처 : 한방 프로그램

　비선호시설(1Km 이내)의 '종류 및 위치'는 대상 물건으로부터 1km 이내에 사회 통념상 기피 시설인 화장장·봉안당·공동묘지·쓰레기처리장·쓰레기소각장·분뇨처리장·하수종말처리장 등의 시설이 있는 경우, 그 시설의 종류 및 위치를 적습니다. 또한, 고압선로나 가스 저장소와 같은 위험시설은 공식적인 비선호시설로 분류되지는 않지만, 향후 분쟁이 예상되는 것이 있다면 기재하는 것이 좋습니다.

비선호시설에 대한 명확한 법적 기준이 없어, 중개사가 주관적으로 판단해서 기재하는 경우가 많습니다. 예를 들어, 장례식장은 비선호시설로 볼 수 없다는 대법원 판례가 있으며, 특고압 송전탑이 비선호시설로 간주된 판례도 존재합니다. 다만, 이러한 판결은 개별 사안의 구체적인 상황에 따라 달라질 수 있어 모든 사례에 동일하게 적용되지는 않습니다. 따라서, 공인중개사는 비선호시설 여부를 사회적 인식과 통념을 반영해서 판단하되, 판단이 어려운 경우 해당 지자체 등록관청(시·군·구청)에 문의하는 것도 하나의 방법이 될 수 있습니다.

⑧ 거래예정금액 등

| ⑧ 거래예정금액 등 | 거래예정금액 | ₩300,000,000 | | |
| | 개별공시지가(㎡당) | 원 | 건물(주택)공시가격 | 원 |

출처 : 한방 프로그램

거래예정금액은 계약서와 연동되어 따라옵니다.

개별 공시지가(㎡) & 건물(주택) 공시가격

국토교통부의 '부동산 공시가격 알리미'에서 확인합니다. 개별 공시지가는 토지이음 사이트에서도 확인 가능합니다.

임대차의 경우에는 '개별공시지가 (㎡당)' 및 '건물(주택)공시가격'을 생략할 수 있습니다. 하지만 저는 전세계약의 경우도 공시가격이 중요하다고 생각해서 모두 적었습니다. 만약 임대차계약이라 생략하게 되더라도 칸을 그냥 비워두지 말고 '생략(임대차)'이라고 기재해주세요.

출처 : 국토교통부(부동산공시가격 알리미)

중개 대상물이 오피스텔 및 상업용 건물일 경우 건물공시가격

• 고시 대상 : 전국 오피스텔 및 수도권(서울·경기·인천), 5대 광역시, 세종특별자치시에 소재하는 일정 규모(3,000㎡ 또는 100개 호) 이상인 상업용 건물

국세청 홈택스(https://www.hometax.go.kr/) → 검색창에 '기준시가' 검색

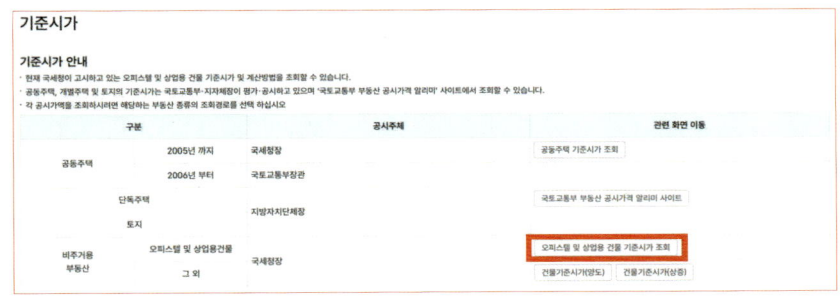

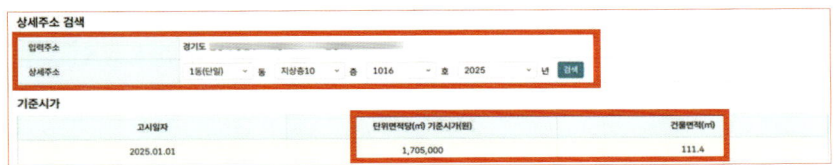

출처 : 홈택스

조회하셔서 단위면적당 기준시가를 기입하면 됩니다.

> **중개 대상물 확인·설명서 작성 시 공시가격 확인 사이트**
>
> - 공동주택 및 단독주택 → 부동산 공시가격 알리미(www.realtyprice.kr)
> - 공시지가(토지) → 토지이음(www.eum.go.kr)
> - 오피스텔 및 일정 규모 이상의 상업용 건물 → 기준시가(국세청 홈택스(www.hometax.go.kr)
> - 그 밖의 상업용 건물 → 시가표준액(위택스, www.wetax.go.kr)

비주거용 부동산 매매 시 건물분 부가가치세 처리

상가, 공장, 창고, 오피스텔, 상가주택 등의 상업용 부동산을 매매할 때 부가가치세(줄여서 부가세라 칭함)를 명확히 정하지 않아 분쟁이 발생하는 사례가 많습니다. 부가세 적용 대상인 상업용 건물을 매매할 경우, 계약서에 부가가치세 관련 조항을 반드시 포함해야 하며, 이를 명확히 하지 않으면 매매대금에 부가세가 포함된 것으로 해석될 수 있으므로 각별한 주의가 필요합니다.

보통은 건물분 부가가치세를 별도로 처리하는 것이 일반적이며, 계약서에도 이를 반영해 '본 계약의 건물분 부가가치세는 별도로 한다'는 내용을 특약사항에 포함시킵니다.

- 건물분 부가세 처리 방식
  - 매도인과 매수인 모두 일반과세 사업자인지 확인
  - 매매가격에 부가가치세 포함 여부는 협의(보통은 건물분 부가세 별도로 진행함)
  - 잔금일에 매수인이 매도인에게 건물분 부가세를 매매대금과는 별개로 추가 지급
  - 매도인은 부가가치세를 신고·납부하고 건물분에 세금계산서, 토지분에 대한 계산서를 발행
  - 매수인은 발행된 세금계산서를 근거로 부가가치세를 환급받을 수 있음 (단, 매도자 매수자 모두 일반과세자일 때 가능)

- 포괄양도양수 적용 가능 여부
  - 매도인과 매수인의 사업자가 완전히 동일하고 사업 전체를 인수하는 경

우 포괄양도양수 적용 가능 -〉 부가가치세 납부·환급 절차 생략(안 주고 안 받고)

- 업종이 다르거나 부분적인 자산만 매매하는 경우 → 포괄양도양수 불가

- 중개사의 역할
- 거래 당사자들의 사업자 유형 및 건물분 부가가치세 처리 방식 확인
- 부가가치세 포함 여부 및 지급 방식 계약서에 명확히 반영
- 매수인이 환급 대상인지의 여부를 사전에 체크해서 안내

비주거용 부동산 매매 시 건물분 부가가치세는 상당한 금액이 될 수 있으므로, 거래 전 명확한 협의 및 계약서 작성이 필수입니다. 건물분 부가세 계산 방법에 대해서는 제 블로그에도 자세하게 기재해놓았으니 참고해주세요!

〈집사임당 블로그〉
주소 : https://blog.naver.com/jibsaimdang/223258249370

⑨ 취득 시 부담할 조세의 종류 및 세율

취득세는 여러 세금 중 공인중개사의 설명 의무가 있는 유일한 세금이에요. 매매 시에만 해당되는 내용이기 때문에 임대차계약 시에는 해당되지 않으므로 '생략(임대차)'라고 적어주시면 됩니다.

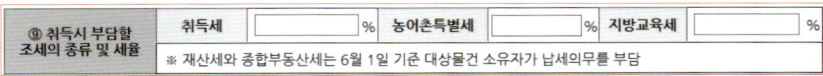

출처 : 한방 프로그램

매매의 경우, 취득세를 확인해 계약서에 정확히 기재해주시면 되고, 자신이 주력으로 중개하는 물건 유형에 따라 자주 적용되는 취득세는 미리 숙지해두는 것이 좋습니다.

또한, 한방 프로그램에서 제공하는 취득세 세율표나 취득세 계산기를 활용하는 것도 효율적인 방법이니 참고해주세요.

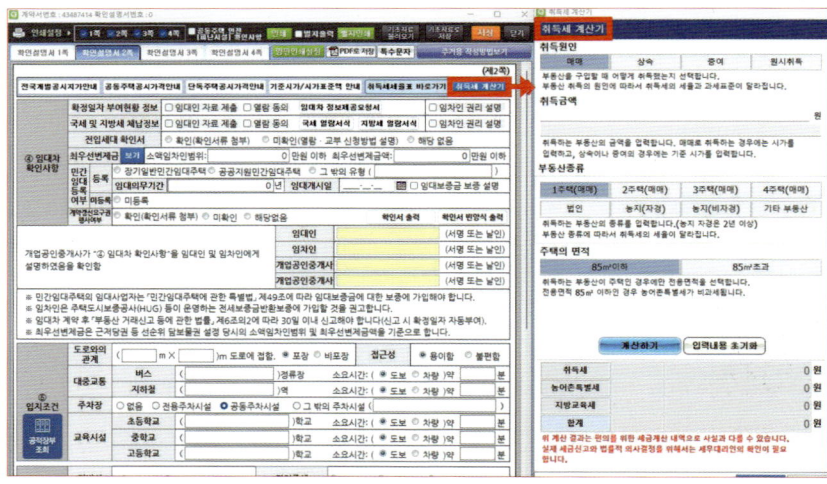

출처 : 한방 프로그램

다만, 세법은 자주 개정되므로, 항상 최신 정보를 확인하시는 것이 중요합니다. 특히, 주택 수, 주택의 종류, 지역 등에 따라 취득세율이 달라질 수 있으므로, 정확한 세율 적용을 위해 국세청이나 지방자치단체의 공식 웹사이트를 참고하시기 바랍니다.

취득세 관련 면책 특약

취득세율은 매수인의 기존 보유 재산에 따라 달라질 수 있어, 매수인 본인도 인지하지 못한 재산으로 인해 세율이 변동될 수 있습니다. 이러한 상황에 대비해 중개사는 다음과 같은 면책 특약을 사용하는 경우도 있습니다.

"확인·설명서에 기재한 취득세율은 공부, 당사자들의 진술 및 구청에 문의한 내용을 바탕으로 기재했으며, 차후 세무에 관해 공인중개사에게 책임을 묻지 않기로 한다."

다만 이런 종류의 특약은 매우 신중하게 사용해야 합니다. 이는 단순히 중개사의 책임을 회피하기 위한 것이 아니라, 매수자의 고지사항을 성실히 확인했음에도 불구하고 고지되지 않은 사항으로 인해 발생할 수 있는 문제를 방지하기 위한 것입니다. 무분별한 사용은 오히려 중개사의 신뢰도를 떨어뜨릴 수 있으므로, 상황에 따라 적절히 판단해 사용해주세요!

⑩ 실제 권리관계 또는 공시되지 않은 물건의 권리사항

II. 개업공인중개사 세부 확인사항	설명 의무 적용	팁!! 필히 선임차인 권리내역(임차보증금, 임대차기간 등) 기재!!
⑩ 실제 권리관계 또는 공시되지 않은 물건의 권리사항		본란에는 법정지상권, 유치권, 「주택임대차보호법」에 따른 임대차, 토지에 부착된 조각물 및 정원수, 계약 전 소유권 변동 여부, 도로의 접용허가 여부 및 권리·의무 승계 대상 여부, 미분양 주택 여부, 임대차보증금 가압류, 채권양도 등 통지사실, 경계침범 여부, 위반건축물 등과 지탁물건의 경우 수탁자 및 수익자의 동의 또는 승낙, 임대차계약 체결의 당사자 등 특이사항을 기입하는 란입니다.

출처 : 한방 프로그램

실제 권리관계 또는 공시되지 않은 물건의 권리사항이라는 항목에는 등기부등본에 나타나지 않지만, 거래에 중요하다고 판단되는 내용을 기재해야 합니다. 네모박스 안에 회색 글씨로 어떤 내용을 기재하라고 가이드가 있기는 하지만, 가이드된 내용 외에도 다음과 같은 추가 안내할 만한 사항이 있다면 추가하는 것이 좋습니다(분쟁 및 컴플레인 방지 차원).

> **추가 기재할 만한 사항**
>
> ① 취득세 중과에 대한 부분(예 : 매수인이 1가구 3주택부터는 8~12% 취득세 세율 적용)
> ② 세입자 거주 상태 유무
> ③ 재개발·재건축 단계(예 : 리모델링 조합설립 인가를 득한 단지)
> ④ 임대인이 국세, 지방세 미납 없음을 구두로 확인했으며 임차인이 직접 임대인의 세금 체납 내역에 대해 열람하는 것에 동의함
> ⑤ 다가구주택 임대차계약의 경우 : 선임차인 권리 내역(임차보증금, 임대차 기간 등)
> ⑥ 승계 임차인 존재 유무 및 임대차계약서 첨부

④, ⑤번 항목은 주택임대차계약 시 해당될 경우 항상 기재하던 내용이었지만, 최근 중개 대상물 확인·설명서 양식이 개정되면서 '임대차 확인 사항'에 별도의 기재 란이 신설되어, 이제는 생략해도 무방합니다.

이처럼 등기 이외의 권리관계나 거래에 영향을 미칠 수 있는 중요 사항을 명시함으로써, 거래 당사자들의 권리를 보호하고 향후 발생할 수 있는 분쟁을 예방할 수 있습니다. 특별히 기재할 사항이 없는 경우에는 간단히 '해당 없음'이라고 기재해도 무방합니다.

여기서 또 한 가지 주의할 점이 있습니다. 거래에 중대한 영향을 미치는 사항이라면, 확인·설명서에만 기재하는 것으로는 충분하지 않을 수 있습니다. 이런 경우에는 계약서 특약 조항에도 동일한 내용을 기재하고, 해당 특약 문구 옆에 거래 당사자의 서명을 별도로 받아두는 것이 안전합니다. 이는 중요 사항에 대한 당사자의 인지와 동의를 이중으로 확보하는 것으로, 추후 발생할 수 있는 분쟁을 예방하는 데 매우 효과적이고 공인중개사 스스로를 보호할 수 있습니다.

⑪ 내·외부 시설물의 상태(건축물)

⑪ 내부·외부 시설물의 상태 (건축물)	수도	파손여부	● 없음 ○ 있음 (위치:)
		용수량	● 정상 ○ 부족함 ( )
	전기	공급상태	● 정상 ○ 교체필요 (교체할 부분:)
	가스(취사용)	취사방식	● 도시가스 ○ 그 밖의 방식 ( )
	소방	단독경보형감지기	□ 없음 □ 있음 (해당없음) 개 ※「소방시설 설치 및 관리에 관한 법률」제10조 및 같은 법 시행령 제10조에 따른 주택용 소방시설로서 아파트(주택으로 사용하는 층수가 5개층 이상인 주택을 말한다)를 제외한 주택의 경우만 적습니다.
	난방방식 및 연료공급	공급방식	● 중앙공급 ● 개별공급 ○ 지역난방 시설작동 ○ 정상 ○ 수선필요 ( ) ※ 개별공급인 경우 사용연한 ( ) □ 확인불가
		종류	● 도시가스 ○ 기름 ○ 프로판가스 ○ 연탄 ○ 그밖의종류 ( )
	승강기		● 있음 (● 양호 ○ 불량) ○ 없음
	배수		● 정상 ○ 수선 필요 ( )
	그 밖의 시설물		

출처 : 한방 프로그램

내·외부 시설물의 상태 확인은 실무적으로 굉장히 중요합니다. 이를 가볍게 여겼다가는 고객의 컴플레인을 초래하거나, 확인 미흡으로 인해 문제가 발생할 수 있기 때문입니다.

따라서 중개사는 현장에서 직접 시설물의 상태를 꼼꼼히 확인하고, 그 내용을 상세하게 기재해야 합니다. 만약 정확한 확인이 어려운 경우, 소유자나 현재 거주 중인 임차인에게 반드시 문의해서 내용을 기입해야 합니다.

특히 난방 방식 기재 시 실수가 발생하는 경우가 많은데, 예를 들어 도시가스가 일반적이라고 생각하고 확인 없이 기재했다가 실제로는 LPG인 경우도 있을 수 있습니다. 이런 경우, 명백한 중개사의 과실로 인정되어 문제가 될 수 있으니 주의해주세요.

따라서 시설물의 상태는 절대 추정이나 짐작으로 기재해서는 안 되며, 반드시 직접 확인한 사항만을 기재해야 합니다. 확인이 어려운 부분이 있다면 임대인이나 매도인을 통해 정확한 정보를 파악한 후 기재하는 것이 바람직합니다.

난방 방식 및 연료 공급에 관해서는 제가 블로그에 정말 자세히 포스팅해놨으니 참고해서 읽어주세요!

〈집사임당 블로그〉
주소 : https://m.blog.naver.com/jibsaimdang/223361728234

소방시설 중 단독 경보형 감지기에 관한 확인·설명 의무

단독 경보형 감지기는 천장에 설치되어 화재를 감지하는 센서를 말합니다. 주택 거래 시 중개사는 매수인이나 임차인에게 이 감지기의 설치 여부와 수량을 설명해야 할 의무가 있습니다.

실무적인 처리 방법은 다음과 같습니다.

- 가장 바람직한 방법은 중개사가 현장에서 직접 확인해서 기재
- 직접 확인이 어려운 경우 임대인이나 매도인에게 문의해서 정보를 파악한 후 기재(보통 방마다 1개씩 있고 거실 또는 주방에도 있음)

실제 현장에서는 이 항목으로 인한 분쟁이나 민원이 발생하는 경우는 매우 드문 편이지만, 법적 의무사항이므로 가능한 한 정확하게 확인해 기재하는 것이 바람직합니다.

한편 비주거용 중개 대상물의 확인·설명서에는 소화전과 비상벨의 위치 및 설치 현황을 기재해야 합니다. 현장 확인 시 이러한 시설물의 위치를 미리 파악해두면 효율적인 업무 처리가 가능합니다. 비주거용 중개 대상물의 경우, 대부분 복도에 소화전과 비상벨이 설치되어 있어

이를 확인한 뒤 '복도'로 기재합니다.

실무적인 팁을 하나 말씀드리자면, 시설물의 정확한 확인이 어려운 긴급한 상황에서는 보수적으로 기재하는 것이 안전합니다. 예를 들어, 감지기 수량이 2개인지 3개인지 불명확한 경우에는 2개로 기재하고, 설치 여부가 불확실한 경우에는 미설치로 기재하는 것이 좋습니다. 다만 이는 임시방편일 뿐이며, 해당 사항이 거래에 중요한 영향을 미칠 수 있다고 판단되면, 반드시 재확인해서 정확한 정보를 제공해야 합니다.

⑫ 벽면, 바닥면 및 도배 상태 & ⑬ 환경조건

이 항목들은 모두 직접 현장 확인 후 작성해야 하지만, 안전한 작성 방법이 있습니다. 우선 대부분의 항목은 '중간' 또는 '보통'으로 체크하는 것이 좋습니다.

⑫ 벽면, 바닥면 및 도배상태	벽면	균열	○ 없음 ● 있음 (위치:)
		누수	○ 없음 ● 있음 (위치:)
	바닥면		○ 깨끗함 ● 보통임 ○ 수리 필요 (위치:)
	도배		○ 깨끗함 ● 보통임 ○ 도배필요
⑬ 환경조건	일조량		○ 풍부함 ● 보통임 ○ 불충분 (이유:)
	소음		○ 아주 작음 ● 보통임 ○ 심한편임 / 진동 ○ 아주 작음 ● 보통임 ○ 심한편임

출처 : 한방 프로그램

벽면 균열의 경우, 완전 신축이 아닌 이상 '있음'으로 표시하고, '통상적인 노후로 인한 미세한 균열 있을 수 있음'이라고 부연 설명을 추가하는 것이 좋습니다. 누수의 경우에도 확인된 것이 있으면 그대로 적고, 만약 없다면 없음에 체크는 하되 옆 빈칸에 '계약일 현재 발견된 누수 없음'이라고 기재하면 더 좋습니다.

 바닥면과 도배 상태는 아무리 깨끗해도 '깨끗함'으로 체크하지 마세요. 깨끗함의 기준은 개인마다 주관적이므로, 기본적으로 '보통임'으로 체크하는 것이 좋습니다. 다만 새로 수리나 도배를 하기로 한 경우에는 '수리 필요' 또는 '도배 필요'에 체크하면 됩니다.

 소음, 일조량, 진동 정도 역시 모두 '보통'으로 체크하는 것이 안전합니다. 참고로, 층간소음에 대해 문의하는 경우도 간간이 있는데, 이럴 때는 "실제 거주해보지 않고는 정확히 알 수 없습니다. 다만 제가 여러 차례 방문했을 때는 항상 조용했고, 층간소음에 대한 이슈는 없었습니다" 정도로 답변하시면 됩니다(물론 소음 이슈가 분명 있었고, 중개사가 이를 인지하고 있다면 고지하시는 것을 권장합니다).

⑭ 현장 안내

⑭ 현장안내	현장 안내자	☐ 개업공인중개사 ☐ 소속공인중개사 ☐ 중개보조원 ☐ 해당없음	중개보조원 (신분고지 여부)	◎ 예 ◎ 아니오

출처 : 한방 프로그램

 이 항목도 신설된 항목입니다. 중개보조원이 현장 안내 등 중개업무를 보조하는 경우, 중개의뢰인에게 본인이 중개보조원이라는 사실을 미리 알려야 하며, 이에 관한 내용을 체크해야 합니다. 만일 공동중개로 했다면 현장 안내자를 중복으로 체크해도 됩니다.

중개보수 및 실비
금액과 산출 내역

마지막으로 중개사에게 가장 중요한 중개보수 관련 사항에 관해 설명해드리겠습니다.

출처 : 한방 프로그램

중개보수는 계약서에 기재된 금액을 기준으로 법정 최고요율이 자동으로 계산됩니다. 중개사의 과세자 구분에 따라 부가가치세 처리가 달라지는데, 간이과세자인지 일반과세자인지에 따라 확인·설명서 우측의 중개보수 부가가치세 항목에 맞게 체크해야 합니다.

공인중개사 부가가치세에 관해서는 이전 책인 《당신만 몰랐던 공인중개사 실무 A to Z》에 자세히 설명해놓았고, 제 블로그에도 부연설명을 해놓았으니 참고해주세요.

〈집사임당 블로그〉
주소 : https://blog.naver.com/jibsaimdang/223296346607

실비의 경우, 중개 과정에서 발생하는 수선유지비나 권리관계 확인에 소요된 비용을 중개사가 지출했다면, 영수증 등 증빙자료를 첨부해서 청구할 수 있습니다. 그러나 현실적으로 법정 최고요율의 중개보수를 받을 때 실비 청구를 하는 경우는 보지 못했습니다.

만약 실비를 청구해야 하는 상황이라면, 반드시 사전에 거래 당사자들과 충분한 협의를 거쳐야 할 것으로 보입니다. 대부분의 중개사들은 실비 청구를 하지 않는 것이 일반적입니다.

CHAPTER 06

계약 & 잔금 시 준비해야 할 서류

공인중개사가
준비해야 할 서류

　중개 대상물 확인·설명 근거 자료에서도 설명했듯이 해당 근거 자료들은 필요 시 열람 & 발급받아 사용하시면 됩니다.

- 등기사항증명서 : 인터넷등기소(모바일도 가능)
- 토지대장 : 정부24
- 건축물대장 : 정부24 또는 세움터(추천)
- 지적도 : 정부24
- 토지이용계획확인서 : 토지이음
- 임야도 : 정부24
- 부동산 종합증명서 : 일사편리(다른 모든 공부 대체 가능)
- 법인등기부등본 : 인터넷등기소

TIP

초보 단계에서는 모든 증빙 서류를 빠짐없이 출력해 확인하는 것이 좋습니다. 이는 단순히 서류 확인을 위해서가 아니라, 자신이 중개하는 지역과 매물의 특성을 깊이 있게 이해하는 좋은 학습 기회가 됩니다. 시간이 지나 경험이 쌓이면, 각각의 거래 유형에 따라 어떤 서류가 실질적으로 중요하고, 어떤 서류가 불필요한지 자연스럽게 판단할 수 있게 됩니다. 이러한 경험이 충분히 쌓인 후에는 불필요한 서류를 생략해 업무 효율을 높일 수 있습니다.

고객이
준비해야 할 서류

매매

계약 시 준비 서류와 준비물
- 매도인 : 신분증, (등기권리증), 도장, 계좌번호
- 매수인 : 신분증, 도장, 계약금(이체 한도 확인)

계약 시 사용할 수 있는 도장은 막도장, 사인, 서명, 지장 모두 가능합니다(도장은 인감도장을 권장하지만, 필수는 아니며 막도장이나 서명 모두 인정됩니다). 계약금이 큰 경우에는 계좌이체가 원활히 진행될 수 있도록 미리 이체 한도를 풀어서 오시라고 안내하는 것이 좋습니다. 신분증으로 본인확인 및 등기사항증명서상 소유자 정보와 일치하는지 확인합니다. 등기권리증도 소유자임을 나타내는 중요한 서류지만, 보통 계약일보다는

잔금일에 가져오도록 안내합니다.

또한 주택 매매계약의 경우(해당하는 경우에 한해서) 주택취득자금 조달 및 입주 계획서를 추가로 준비해야 합니다. 이 양식을 계약일에 매수인에게 미리 주어 직접 작성하게 한 다음, 스캔 또는 사진 등으로 보내 달라고 해서 공인중개사가 실거래신고할 때(계약일로부터 30일 이내) 같이 제출합니다.

잔금 시 준비 서류와 준비물

- 매도인
- 신분증
- 매매계약서 원본
- 부동산 매도용 인감증명서(매수인 인적 사항 포함, 3개월 이내 발급된 것)
- 주민등록초본 1통(주소 변동 이력 포함)
- 인감도장(반드시 인감증명서에 찍힌 도장과 같은 것인지 확인)
- 등기권리증(분실 시 법무사를 통해 확인 서면으로 대체 가능)

* 부동산 매도용 인감증명서는 주민센터나 구청에서 발급 가능 : 본인 신분증 지참하고 방문하면 되고 계약서를 가지고 가면 매수자 인적 사항이 쓰여 있어 편함.

- 매수인
- 신분증
- 도장(막도장 사용 가능하나, 상황에 따라 인감도장이 필요할 수 있음. 등기 진행 법무사에게 사전 확인 권장)
- 주민등록초본 1통

- 매매계약서 원본
- 가족관계증명서 1통 상세

* 사업자라면 사업자 등록증 사본도 지참
* 선수예치금(선수관리금)이나 장기수선충당금등 정산할 내용이 있는 경우 잔금 시 정산
* 계약금, 잔금 계좌 이체를 위해 매수자에게 이체 한도 풀어오라고 꼭! 미리 말해 주세요.

> **TIP**
>
> 매매 잔금 시 준비해야 할 서류는 거래 형태나 대출 이용 여부 등에 따라 달라질 수 있으므로, 잔금일 이전에 소유권 이전등기를 담당할 법무사에게 확인 필요 서류를 정확히 안내받고, 등기비용 견적서도 함께 확인하는 것이 좋습니다.

임대

계약 시 준비 서류와 준비물

- 임대인 : 신분증, 도장, 계좌번호
- 임차인 : 신분증, 도장, 계약금

마찬가지로 계약 시의 도장은 막도장, 사인, 서명, 지장 모두 가능하고 계약금은 금액이 큰 경우 이체가 가능하도록 이체 한도를 풀어오라는 안내를 미리 해주는 것이 좋아요.

> **TIP**
>
> 계약서상 계약자 거주지는 주민등록 등본상 주소지로 적는 것이 원칙이나, 만일 임대인의 등본상 주소지와 실제 거주지가 다르면 실제 거주지를 기재하는 것을 권장합니다(임차인이 전세대출이나 보증보험에 가입하는 경우, 관련 서류나 등기우편을 임대인이 직접 수령해야 할 수도 있기 때문입니다).

잔금 시 준비 서류와 준비물

임대차의 경우, 잔금 이체와 공과금 등의 정산만 정상적으로 처리되면 고객이 별도로 준비할 서류는 없습니다. 다만, 인도받을 물품이 많은 경우에는 물품 인수 리스트를 작성하여 꼼꼼히 확인 후, 인도 사실을 증명할 수 있도록 임차인 측 서명을 받아두는 것이 좋습니다.

> **TIP**
>
> 기존 세입자가 있던 경우에는, 중개사가 다음 세입자(또는 사용자)를 위해 각종 공과금 중간 정산을 도와주는 것이 일반적입니다.
>
> 공과금 정산은 법적 의무는 아니지만, 이를 제대로 처리하지 않으면 새로운 임차인에게 피해가 발생할 수 있기 때문에, 계약을 진행한 중개사가 주도적으로 챙기는 경우가 많습니다.

다음 양식을 참고해 잔금 정산과 관련해 해당되는 항목을 확인하고, 기존 세입자와 임대인 중 누가 어떻게 정산할 것인지 사전에 조율한 뒤, 정산을 도와주시면 됩니다(단, 임대인이 공과금을 직접 정산한 후 기존 세입자의 보증금에서 공제하고 나머지를 반환하는 방식으로 처리하는 경우도 있습니다).

임대(전세) 잔금 정산서

소재지	서울특별시			

거래내역	보증금	일정	400,000,000원	
	계약금	2025 . 5. 13.	40,000,000원	
	중도금	해당없음	0원	
	월차임	해당없음	0원	선불 / 후불
	잔금	2025 . 6. 13.	360,000,000원	

열쇠	공동현관	Key No : 1234*	
	내집현관	Key No : 1234*	
	열쇠목록		

정산내역	구 분	APT		빌라
		매수인 → 매도인 정산		
	선수관리예치금		원	0
	장기수선충당금	관리비정산내역서	정산완료	0
	관리비			34,521원
	도시가스		0원	15,400원
	전기료		0원	23,800원
	수도료		0원	
	합 계		0원	73,721원

* 임대인계좌 : 기업은행 (예금주:)
* 관리사무소 : Tel .
* 하자보수상담 : 해당없음
* 도시가스 : 02-

상기 내용을 임대차 정산 내역으로 확인합니다.

2025년 6월 13일

임대인   (인)   연락처 :
임차인   (인)   연락처 :

****공인중개사무소 031-****-****

출처 : 저자 제공

TIP

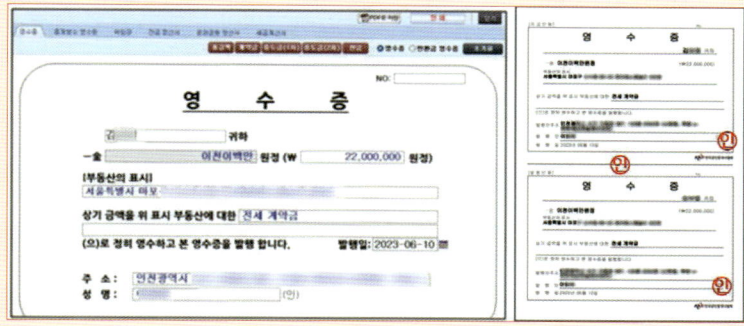

출처 : 한방 프로그램   출처 : 저자 제공

잔금 영수증은 임대인(매도인)이 임차인(매수인)에게 교부하는 것이 원칙이지만, 통상 중개사무소에서 서비스 차원에서 대신 작성해 임대인의 도장을 받아 임차인에게 전달합니다.

잔금일에 중개사무소에서 양측이 모여 정산하는 경우라면, 현장에서 임대인의 도장을 받아 각 1부씩 교부하면 되고, 만약 임대인이 잔금일에 참석하지 못할 경우에는 계약 시 미리 임대인의 동의를 받아 잔금 영수증을 작성해두고, 부동산에서 보관하다가 잔금 이체 확인 후 임차인에게 전달하는 방식으로 처리할 수 있습니다.

또한, 중도금이나 잔금 등을 이체만 하고 직접 만나지 않는 상황에 대비해, 미리 영수증을 작성한 후 '온라인 송금 시 유효함'이라는 문구를 추가 기재해 사전에 전달하는 경우도 있습니다.

한편, 보증금이 소액인 월세계약의 경우에는 어차피 계좌이체 기록이 남기도 하고 금액이 크지 않아 영수증은 생략하는 경우도 있습니다.

> **잔금일과 관련해 공인중개사가 체크해야 할 사항 정리**
>
> ① 기존 세입자 공과금 정산
> - 관리비, 가스비, 전기세, 수도세 등은 계약마다 관리비 포함 여부가 다르니 반드시 확인
> - 기존 세입자가 정산하는 경우, 이체내역이나 영수증을 꼭 받아두기
>
> ② 물품 인수인계 확인
> - 열쇠, 카드키, 에어컨 리모컨 등 비치된 물품이 있다면 꼼꼼하게 인수인계
> - 인수인계 확인서류에 체크 및 서명 필수
>
> ③ 장기수선충당금 관련 안내
> - 관리사무소에서 이사 정산 시 내역을 확인하고, 해당 금액은 임대인이 기존 임차인에게 반환하도록 안내
>
> ④ 선수예치금 확인 및 지급 절차
> - 매매의 경우, 선수예치금은 관리사무소에 미리 확인한 뒤 잔금일에 매수인이 매도인에게 직접 지급해야 함

선수예치금이나 장기수선충당금은 주로 아파트, 오피스텔, 지식산업센터처럼 세대수가 많은 집합건물에 존재합니다. 반면, 세대수가 적은 집합건물이나 일반건축물에는 이러한 금액이 없는 경우가 대부분입니다.

기존 임차인이 사용하던 공과금 및 관리비는 모두 정산되었음을 새

로운 임차인에게 안내하고, 잔금정산서에 해당 내역을 포함해서 전달한 뒤 임차인의 확인 서명을 받아두는 것이 좋습니다. 단, 금액이 소액이고 내용이 단순한 경우에는 잔금정산서를 생략하고, 문자로 내역을 정리한 후 정산 관련 영수증 등을 함께 확인시켜주는 방식으로 간단히 처리할 수도 있습니다.

TIP

잔금일에 세입자가 입주하게 되면, 처음으로 집을 자세히 살펴보게 되기 때문에 입주 후 일주일 정도는 "이것이 고장 났다", "여기 찢어졌다" 등 하자 관련해서 연락이 자주 올 수 있습니다(이 시기에는 아무래도 예민해질 수 있으니까요).

이럴 때 너무 단호하게 잘라낼 필요도 없고, 반대로 잘못한 것도 없는데 괜히 죄인처럼 위축될 필요도 없습니다. 신축이라면 "관리사무소에 하자보수 신청을 해보시라"고 안내하시면 되고, 구축이라면 그럴 수 있다고 임대인에게 전달은 해줄 수 있는데 일단 몇 개 더 나올 수 있으니 일주일 정도 더 계셔보시다가 불편함이 있으시면 여러 가지 한 번에 알려달라고 하면 대부분 수긍합니다. 그렇게 막상 며칠 지나면 그냥 적응하고 넘어가는 경우가 많아요.

그럼에도 불구하고 계속해서 컴플레인이 들어오면 임대인에게 전달은 해드리되, 중개사가 모든 것을 책임질 수는 없으니 정 필요할 경우 임차인과 임대인이 직접 대화하도록 유도하는 것도 방법입니다.

특히 노후된 주택의 경우, 그 노후도 역시 임대가격에 이미 반영되어 있다는 점을 고객에게 이해시키는 과정이 필요합니다. 간혹 지나

치게 까다로운 고객을 만나면 '그 정도로 예민하다면 본인 소유의 집을 구입해 직접 리모델링을 하거나, 비용이 들더라도 신축 건물을 선택했어야 한다'라는 말이 목구멍까지 올라오기도 합니다. 하지만 이러한 감정이 들더라도 상대방에게 감정적으로 표현하거나, 마치 싸우듯 전달하는 것은 절대 중개사 본인에게도 좋지 않습니다.

또한 고객 입장에서는 계약 당시엔 미처 발견하지 못했던 하자가 입주 후 보이기 시작하면 당연히 예민해질 수 있습니다. 이럴 때는 공감해주고, 해결 가능한 부분은 최대한 임대인과 조율해주되, 모든 책임을 중개사가 떠안으려 하거나 과도하게 스트레스를 받을 필요는 없습니다!

법인 매매계약 시 추가 필요한 서류

법인은 개인과는 다른 독립된 법적 주체이기 때문에, 부동산 매매 시 준비해야 할 서류도 훨씬 더 많고 복잡합니다. 계약 전부터 잔금까지 꼼꼼하게 서류를 확인하고 준비하는 것이 중요합니다.

법인 매매계약 시 필요 서류(매도 & 매수)

매도 법인	매수 법인
1. 법인 등기부등본	1. 법인 등기부등본
2. 법인 인감증명서	2. 법인 인감증명서
3. 법인 인감도장	
4. 사업자등록증 사본	3. 법인 인감도장
5. 대표자 신분증	4. 사업자등록증 사본
6. 법인통장 사본	
7. 등기 권리증	5. 대표자 신분증

※ 대리인 계약 시 - 위임장(위임의 범위+법인인감 날인), 대리인 신분증 추가 준비
※ 사용인감 사용 시 사용인감계 추가준비
※ 모든 서류는 가급적 1개월 이내 것으로 준비하는 것을 권장
※ 정관이나 주주총회 의사록 필요할 수 있음. 해당 법무사측에 확인 필요

법인 매매 잔금 시 필요 서류(매도 & 매수)

매도 법인	매수 법인
1. 법인 등기부등본	1. 법인 등기부등본
2. 법인 인감증명서(부동산 매도용)	
3. 법인 인감도장	2. 법인 인감증명서
4. 사업자등록증 사본	
5. 대표자 신분증	3. 법인 인감도장
6. 법인통장 사본	
7. 등기 권리증	4. 사업자등록증 사본
8. 매매계약서 원본	5. 대표자 신분증
9. 관리비 및 공과금 정산 영수증, 대출상환 영수증 등	6. 매매계약서 원본
10. 임대차계약서(임차인 있을 시)	

법인 임대 계약 및 잔금 시 필요 서류(임대 & 임차)

임대 법인	임차 법인
1. 법인 등기부등본	1. 법인 등기부등본
2. 법인 인감증명서	2. 법인 인감증명서
3. 법인 인감도장	3. 법인 인감도장
4. 사업자등록증 사본	
5. 대표자 신분증	4. 사업자등록증 사본
6. 법인통장 사본	5. 대표자 신분증

손님에게 이런 서류를 챙겨주면 좋아요!

매매 잔금 시 필요서류

매도인 필요서류

1. 부동산 매도용 인감증명서 1통 (매수자 인적사항/주소/주민번호/성함)
2. 주민등록 초본 (주민번호 뒷자리 포함, 예전주소 전부 다 나오게)
3. 인감도장 (인감증명서와 동일한 도장)
4. 등기 권리증 / 신분증
5. 전/월세 계약서 원본 (현재 임차인 있는 경우)

관리실 필요서류

1. 관리비 영수증
2. 장기수선충당금 영수증
3. 선수관리비 영수증
4. 가스 영수증 / 열쇠 및 키번호

매수인 필요서류

1. 주민등록 등본 1통 (전세대원 뒷자리 포함, 계약 후 주소변동 시 예전주소 포함한 초본 추가)
2. 매매계약서
3. 도장
4. 가족관계증명서 1통 상세 (주민번호 전부 나오게, 공동명의인 경우 각각 본인위주로 발급)
5. 매수인 30세 미만일 경우 소득금액증명원 또는 원천징수영수증 재직증명서 (연소득 1,100만 원 미만 시 부모님과 주택수 합산)

출처 : 저자 제공

이처럼 손님에게 '잔금 시 필요한 서류'라고 설명해주는 안내문을 여러 가지 버전(매매, 임대, 법인 등)으로 만들어두면 좋습니다. 이 안내는 잔금 당일이 아니라 계약 체결 시점에 미리 설명해드리는 것이 중요합니다. 그래야 잔금일까지 서류를 준비할 수 있기 때문입니다.

또한, 매매계약 업무를 안정적으로 진행하기 위해서는 법무사 한두 곳과 꾸준히 거래를 터두는 것이 좋습니다. 그래야 필요한 서류나 절차에 대해 수시로 문의할 수 있고, 등기 업무도 신뢰하고 맡길 수 있는 파트너가 생기기 때문입니다.

이처럼 고객에게 미리 안내 자료를 제공하는 부동산 공인중개사 사무소와, 아무런 설명 없이 말로만 계약을 진행하는 부동산 공인중개사 사무소는 분명히 다르게 보입니다.

나만의 안내 자료를 갖추는 것은 '일 잘하는 공인중개사'로서의 기본이자 차별화된 경쟁력이 됩니다.

※ 안내문

본 특약집은 중개 실무에 도움이 되시도록 참고용 예시로 수록한 것입니다. 각 계약의 구체적인 사안에 따라 문구의 적용 여부 및 수정이 필요할 수 있으며, 모든 계약서 및 특약 문구의 작성과 해석에 대한 법적 책임은 독자 본인에게 있습니다. 따라서 실제 계약 체결 시에는 반드시 당사자 간 충분한 협의와 법률 전문가의 자문을 받으시기 바랍니다.

CHAPTER 07

계약서 작성 시 참고할 만한 특약사항

계약서를 쓸 때 '특약'이란, 표준 양식 외에 계약 당사자들이 별도로 협의해서 추가하거나 보완하는 항목을 의미합니다. 부동산 거래에서 특약은 법적으로 문제가 생겼을 때 권리와 의무를 좀 더 명확히 규정해주며, 그만큼 실무에서 매우 중요한 역할을 합니다. 공인중개사로 활동하면서 다양한 상황과 요구사항을 맞닥뜨리게 되는데, 이때 특약은 서로의 입장을 조율하고 분쟁 소지를 줄이는 '방파제' 역할을 하게 됩니다.

특약은 계약 당사자 간 합의를 전제로 해서 작성되는 만큼, 서로의 권리가 치우치지 않도록 균형감 있게 작성하는 것이 중요합니다. 임차인이 수리해야 할 범위를 지나치게 넓히면 임차인의 부담이 커지고, 반대로 임대인이 감당해야 할 책임만 강조한다면 임대인의 불만이 커질 수 있습니다. 이러한 '균형'은 미리 현장을 꼼꼼히 확인하고, 실제 계약 상황에 맞게 특약을 조정하는 과정을 통해 확보할 수 있습니다.

계약서 특약은 결코 어려운 법률용어를 써서 읽기 힘들게 만드는 것이 능사가 아닙니다. 오히려 누구나 쉽게 이해할 수 있는 문장으로 문제 발생 소지가 있는 상황을 구체적으로 명시해야 분쟁을 예방할 수 있습니다. 예를 들어, '임차인의 고의 또는 과실로 인해 파손 시, 임차인이 원상복구함'처럼 간단하지만 명확하게 기재하는 것이 좋습니다. 또한 특약을 작성할 때는, 중개사 입장에서 임대인과 임차인의 권익을 모두 살피면서 현실적으로 이행이 가능한지 꼭 검토해야 합니다.

이 장에서는 가장 일반적으로 활용되는 특약 사례들을 정리했습니다. 물론 거래 현장은 무궁무진한 변수가 있으므로 모든 케이스를 완벽하게 망라할 수는 없습니다. 다만, 본문에 제시한 특약사항들은 실무에서 잦은 분쟁을 예방하고, 상황에 따라 한두 문장씩 변형해 활용할 수 있는 '기본 뼈대'가 되어줄 것입니다.

특약을 잘 쓰려면 다른 계약서의 예시를 많이 보는 것이 가장 빠른 학습 방법입니다. 주위 선·후배 공인중개사나, 거래 과정에서 만난 다양한 계약 사례들을 참고하면서 체득한 경험은 곧 자신의 경쟁력이 됩니다. 그리고 실무에서 얻은 지식과 노하우는 결국 또 다른 계약 상황에서 빛을 발하게 될 것입니다.

따라서 이 책에서 소개하는 특약들은 '사례 중심'으로 구성했습니다. 한눈에 이해하기 쉽도록 상황과 목적물의 종류(주택, 상가, 사무실, 분양권 등)에 따라 분류했고, 실제 계약서에 그대로 적용할 수 있도록 간략한 문장 형태로 정리했습니다. 무엇보다 이 특약을 작성하기 전에 해당 부동산의 권리관계와 상태, 거래 당사자들의 요구사항을 충분히 파악하는 절차를 잊지 마시기를 바랍니다.

    이제부터 본격적으로 구체적인 상황별 특약 사례들을 알아보겠습니다. 필요에 따라 유연하게 적용해 실무에 활용하시기 바랍니다. 그리고 무엇보다 특약 작성은 '정확하고 공정하게, 명확하면서도 이해하기 쉽게'해야 한다는 원칙을 잊지 마세요! 그것이 바로 전문성을 갖춘 공인중개사가 지켜야 할 가장 기본적인 소임이기 때문입니다.

주택 - 임대차계약

주택 전·월세계약 시 쓸 수 있는 기본 특약

1. 본계약 목적물 현 시설 상태에서의 계약이며, 임차인과 중개사가 함께 현장 답사를 통해 본계약 목적물의 내·외부 상태 및 옵션을 확인했고, 등기사항전부증명서 등의 공적 장부를 확인한 상태로 계약한다.
2. 옵션은 에어컨 2대, 싱크대, 식기세척기 등이며 임차인 과실로 인한 파손 시 원상복구 하기로 한다(단, 노후로 인한 고장은 임대인이 수리 또는 교체해서 임차인이 사용할 수 있도록 함).
3. 기타사항은 민법 임대차보호법 및 부동산 임대차계약 일반 관례에 따르기로 한다.
4. 임대인은 임차인의 전세자금 대출 및 보증보험 가입 진행 시, 금융기관 또는 보험사의 자료 요청이 있을 경우 이에 대한 자료 제공에 협조하기로 한다.

5. 건물 문제(임대인 측 사정)로 대출 불가 시 계약금을 즉시 반환하고 계약을 해제하는 조건이다(단, 임차인의 신용이나 조건 불충족 등 개인 사정은 제외하며 임차인은 계약일 이후 7일 이내(2024.○○.○○까지)에 확답을 주기로 한다).
6. 일상적인 생활 마모를 제외한 시설 파손 시 임차인은 원상복구하기로 한다.
7. 잔금일의 주말을 제외한 익일까지 계약일 현재의 등기부상 추가 권리변동이 없어야 한다.
8. 임대인은 본계약 체결 당시 국세·지방세 체납 사실이 없음을 구두상 확인했고, 임차인이 직접 해당 내용을 열람하는 것에 동의한다.
9. 애완동물 금지 / 실내흡연 금지
10. 임차인은 계약 당시 임대 물건의 원형을 기간 만료 시까지 보전할 책임이 있으며, 소모품 사용 중 파손 시는 임차인 비용으로 수리해서 사용하되, 임차인의 책임 없는 건물 노후 시설물의 고장 및 파손은 임대인이 수리한다.
11. 계약을 위한 개인정보수집 및 이용·활용 동의서에 임대인과 임차인이 동의해 계약서를 작성한다.
12. 임차인은 만기 퇴실 최소 2개월 전에 임대인에게 연장 유무를 알려주기로 하며 다음 계약을 위한 중개행위에 적극적으로 협조하기로 한다.
13. 임차인은 만기 전 퇴실 시 새로운 임차인을 구하고 임대인 중개수수료는 현 임차인이 대신 부담한다.
14. 퇴실 시, 입주 시와 같은 상태로 퇴실하기로 한다(과도한 오염 시 청소비용이 발생할 수 있음).
15. 임차인의 계약 기간 중 매매가 이루어질 경우, 반드시 임차인에

게 미리 고지하고, 만일 은행이나 보험사 등에서 새로운 임대인에 관한 정보를 요청 시 자료 제공에 협조하기로 한다.
16. 제세공과금은 잔금일에 임대인이 정산하며, 주차료는 매월 25,000원 부담하고 1대 주차하는 조건이다.
17. 잔금일은 당사자 합의하에 앞당겨질 수 있다.
18. 계약금 및 잔금 (월차임, 관리비)은 아래의 임대인 계좌로 입금한다(계약금 중 일부인 400만 원은 2024.02.05. 입금했음).
 ※ 보증금 및 월차임 지정계좌: **은행 010-****4-1888 (예금주 : OOO)

5~6평 초소형 원룸 전·월세계약 시 쓸 만한 특약(임대인 배려 특약)

1. 계약자 1인 외 거주 불가하다.
2. 현 시설물을 임차인과 중개사가 함께 확인했으며 옵션 등 확인한 상태로 계약한다(전자레인지 옵션 추가, 도배, 장판 새로 함).
3. 옵션은 에어컨, 세탁기, 냉장고, 싱크대, 가스레인지 등이며 임차인 과실로 인한 파손 시 원상복구 하기로 한다(단, 노후로 인한 고장은 임대인이 수리 또는 교체해서 임차인이 사용할 수 있도록 함).
4. 계약일 기준 건물 일반 관리비는 2만 원 내외이며 건물 자체 규정에 따른다(수도, 가스, 전기, 인터넷 요금 별도).

임대인이 임대사업을 오래한 경우의 종종 요구하던 특약

1. 월세와 관리비는 매월 1일 납부하며 관리비는 18만 원(전기, 가스, 수도, 인터넷, TV 포함)을 납부하며, 월세 및 관리비 연체 시 1일당 연체금액의 3% 가산한다.
2. 퇴실일 12시 이전 퇴실한다. 퇴실 청소비는 6만 원이다.
3. 실내흡연은 금지하며, 흡연 시 임차인은 벽지, 장판 교체 비용 전액을 부담한다.
4. 반려동물(개, 고양이) 사육 시 관리비 5만 원 추가한다.
5. 주차는 유료이며 인당 10만 원 추가한다.

TIP

원룸은 주차, 실내흡연, 애완동물 등이 불가인 경우 많기 때문에 임대인에게 가능 유무를 파악해서 계약서에 주차 불가, 애완동물 불가, 실내 흡연 금지 특약을 써주는 것이 좋습니다.

임차인이 전세권을 설정하는 경우 추가하는 특약

1. 임대인은 임차인의 전세권 설정에 협조 및 동의하고 임차인은 전세권 설정에 따른 비용을 전액 부담하기로 한다.
2. 전대차 및 전세권 양도는 불가하며 계약만료 시 전세금 반환과 동시에 전세권은 말소한다.

임차인이 법인인 경우, 보증보험이나 주택임대차보호법 적용이 불가해서 전세권 요청을 하는 경우가 많습니다. 이 경우, 임대인에게 전세권 설정 가능한지 먼저 물어보고(귀찮다고 싫다고 하는 사람들이 있음), 가능하면 협조 요청해서 들어주는 것이 좋습니다.

> **TIP**
>
> 한국토지공사와 주택 사업을 목적으로 설립된 지방공사, 중소기업기본법 제2조에 따른 중소기업에 해당하는 법인이 임차인인 경우, 일정 요건하에 대항력이 인정됨. 그러나 현실적으로 요건충족 증빙 등의 절차가 복잡해서 법인 임차인의 경우 그냥 전세권 설정 요청하는 경우가 대부분입니다.

개인이더라도 보증보험이 안 되는 경우 전세권 설정을 요청하는 경우가 있는데, 건물에 하자가 있어 보증보험이 안 되는 경우라면 전세권을 설정하더라도 큰 실효는 없을 수 있습니다. 이를 잘 모르고 전세권 설정하면 문제가 없는 줄 아는데 그렇지 않습니다. 경매 시 권리 배당순위 등의 내용은 충분히 공부하시기를 권장해드립니다.

신축빌라의 수분양자가 새로 들어올 임차인의 전세금으로 분양 잔금을 치르는 경우(갭투자)의 특약

1. 본건은 신규 분양 절차 이행 중인 상태에서의 전세계약이며(*분양계약서 첨부), 위 전세 잔금 납부와 동시에 근저당 말소 및 임대인(OOO님) 앞으로 매매에 따른 소유권 이전등기가 경료될 예정이다.
2. 본건은 매도인(AAA님)과의 임대차계약을 승계하는 계약이다.
3. 전세 보증금의 납입은 아래의 매도인(AAA님) 계좌로 전액 입금 처리하기로 하고, 임대인(BBB님)은 그 수령에 갈음하며 영수증을 발행하기로 한다.

전세금으로 집주인의 근저당을 말소하기로 한 경우(근저당 말소조건)의 특약

1. 계약일 현재 등기사항전부증명서상 채권최고액 금 339,900,000원 하나은행 근저당권 설정 있음. 전세 잔금 납부와 동시에 근저당 말소 예정이다(잔금일 당일 근저당 말소 접수증을 확인시켜주기로 함).

공인중개사가 대리로 계약하는 경우

1. 임대인과 유선 통화 후 AAA공인중개사사무소에서 대리로 계약하기로 한다(잔금 일 위임장 제출함. 또는 잔금 일 임대인 추인하기로 함).
   * 보증금이 소액 월세인 경우로, 그 외에는 권장하지 않음.
2. 임대인에게 위임장과 인감증명서, 신분증 사본을 받아 AAA공인중개사사무소에서 대리로 하는 계약이다.

매매·전세 동시 진행 중인 경우 전세계약서

1. 본계약 목적물 현 시설 상태에서의 계약이며, 임차인과 중개사가 함께 현장 답사를 통해 본계약 목적물의 내외부 상태 및 옵션을 확인했고, 등기사항전부증명서 등의 공적 장부를 확인한 상태로 계약한다.
2. 본건은 매매계약과 동시에 진행되며, 매도인(AAA)이 임대인으로서 계약하고 전세 잔금일에 매수인(BBB)에게 소유권이전등기가 동시 진행될 예정이다.
3. 잔금 일에 매수인(BBB)과 다시 전세계약서를 작성하기로 한다.
4. 임차인은 잔금일인 24.00.00까지 전입신고 및 확정일자 받기를 권고했으며, 임대인은 잔금일의 익일까지 소유권이전등기를 제외한 여타 권리변동 없어야 함(계약일 현재 융자 없음).
5. 임대인은 본계약 체결 당시 국세·지방세 체납 사실이 없음을 구두상 확인했고, 임차인이 직접 해당 내용을 열람하는 것에 동의한다.

6. 임대인은 임차인의 전세자금 대출 및 보증보험 가입에 동의하고 협조하기로 하며, 만일 은행이나 보험사 등에서 새로운 임대인에 관한 정보 요청 시 자료 제공에 협조하기로 한다.
   * 여기서 보험 가입에 동의하고 협조한다는 문구는 주의해서 작성해야 합니다. 단순히 '협조한다'는 표현만 사용하면, 건물에 문제가 있어 보증보험 가입이 거절되는 경우 그 문제를 해소해주는 데까지도 협조한다고 해석될 여지가 있습니다. 따라서 만약 보증 보험 가입 여부가 불확실하다면 이에 대해 그대로 안내하고 '자료 제공에 협조' 정도로 범위를 한정하는 것이 안전합니다.
7. 주택임대차계약 신고는 계약 체결일로부터 30일 이내 관할 주민센터를 방문 또는 국토부거래관리시스템을 통해 임대인이 임차인이 주택임대차계약신고서에 공동으로 서명·날인하며 신고해야 한다.
8. 본계약에 명시되지 않은 사항은 주택임대차보호법 및 민법과 주택임대차계약의 일반 관례에 따른다.

주택 - 매매계약

주택 매매계약 시 쓸 수 있는 기본 특약

1. 등기사항증명서상 융자 및 하자 없는 상태에서의 매매계약임.
2. 현 시설물 상태에서의 매매계약이며, 매도인은 잔금 시까지 누수가 발생하면 책임지고 보수해주기로 한다.
3. 계약금 중 일부 일천만 원은 계약 시 국민은행 ***-****-**** 매도인 이AA님 계좌로 온라인 송금 지불하고, 나머지 계약금 삼천오백만 원은 이AA님이 참석해서 추인함과 동시에 지급하기로 함(가계약 개념으로 계약서 쓸 당시 썼던 특약).
4. 공과금은 잔금일에 정산하기로 함.
5. 현 시설 상태에서의 매매계약이며 매수인은 현 시설 상태를 확인한 후 하자 등을 감안해 매매금액에 반영했으며, 또한 매도인의 시설 및 집기가 철거된 이후 발생하는 하자에 대해서는 책임

을 묻지 않기로 한다.
6. 계약상의 내용에 대해 계약 당사자 일방의 불이행이 있을 경우에는 상기 계약 내용 제6조(채무불이행과 손해배상의 예정)보다 우선해서 '최고나 통지 없이' 본계약을 즉시 해제할 수 있다.
7. 개업공인중개사의 고의나 과실 없이 본계약이 무효, 취소 또는 해제되어도 중개 대상물 확인·설명서에 '합의해서 기재한' 중개보수는 지급하기로 한다.
8. 본계약의 매매대금은 건물 노후화 등 '물건 상태를 감안해 쌍방 합의로 감액한 금액'이므로 잔금일 이후 건물의 하자에 대해서는 일체의 책임을 물을 수 없다.
9. 잔금일 하자는 매도인이 잔금일 이후 하자는 매수인이 책임지고 수리하기로 한다. 단, 담보책임을 면하는 특약을 한 경우에도 '매도인이 알고 고지하지 아니한 사실 및 제삼자에게 권리를 설정 또는 양도한 행위'에 대해서는 책임을 면하지 못한다.

TIP

하자가 발견된 상태에서 감액 반영해서 하는 계약인지, 전혀 문제가 없는 상태인 것인지 상황에 따라 계약서 세부 내용은 달라질 수 있으니 정확하게 상황을 파악한 후 응용해서 작성하시기 바랍니다.

하자에 대한 부분은 계약서뿐만 아니라 중개 대상물 확인·설명서의 균열, 누수 부분에도 '건물의 노후 등으로 인한 통상의 균열 있을 수 있음', '계약일 현재 발견된 누수 없음' 등의 내용을 명시해두는 것이 좋습니다.

분양권 - 매매계약

분양권 매매계약 시 쓸 수 있는 특약

1. 본계약은 중도금 대출 승계를 조건으로 하는 분양권 상태의 매매계약이며, 중도금 대출 승계에 필요한 금융기관의 승인을 매수자가 직접 확인하고 진행함. 만약 대출 승계가 불가능할 경우, 양 당사자는 상호 협의해서 해결 방안을 마련하며, 대출 승계가 불가한 사유로 계약이 해제되는 경우 계약금은 전액 반환하기로 함.
2. 분양가 ₩399,680,000, 확장비 ₩13,000,000, 프리미엄 ₩12,000,000 = 총 매매대금 ₩424,680,000
3. 인지세 15만 원은 매도인 부담임(잔금일 실제 지금액은 계약금 ₩39,968,000 + 확장비 계약금 ₩1,300,000 + 프리미엄 ₩12,000,000 = ₩53,268,000임).

4. 잔금은 2024년 7월 1일에 분양권 전매와 동시이행관계로 진행되며. 본계약이 매도인과 매수인의 변심으로 인해 해지나 해제 시에도 중개보수 지급 의무 있음.
5. 중도금이 지급되면 해제 불가능하고 계약 이행해야 함.
6. 계약금 1,000만 원은 2024년 6월 4일에 지급, 중도금은 2024년 6월 6일에 지급 예정임.
7. 매도인 계좌 : 기업 *** **** ***** (예금주: AAA)
8. 분양권 전매 시 중도금대출 이상 없음은 매수인이 확인하고 매수인의 의무임(분양권 2개 이상 시 전매 안 됨을 확인함).

상가건물 계약 시 특약사항 작성 주의사항

- 포괄양도·양수되는지의 여부는 필히 사업자 등록증으로 확인해야 함(구두상 확인만 하면 안 됨)
- 만일을 대비해 포괄양도·양수가 안될 시 부가세 관계 매매가에 포함 여부 확인
- 건물 인수 시 원상복구 및 폐기물관계 처리, 미처리에 대한 대비
- 해제보다는 해제에 따른 손해배상관계(계약금을 해약금 및 손해배상 예정으로 봄)
- 하자담보책임관계는 잔금일 기준이라는 것을 분명하게 하기

> **상가 중개 관련 추천 필수 도서**
> 《최원철의 상가중개실무 바이블》,《중개실무 오케이상가》

상가 임대차계약서 작성 시 가장 중요하게 생각할 부분은 크게 4가지 정도로 나뉩니다.

① 원상복구 의무

② 용도변경

③ 동종 업종 제한

④ 권리금

원상복구 관련 특약

1. 현 시설물 상태의 계약이며, 퇴실 시 기존 임차인으로부터 인수한 시설을 포함 원상복구를 원칙으로 한다.
2. 현 시설물 상태의 계약이며, 퇴실 시 원상복구의 범위는 신규 임차인 또는 임대인과의 협의하에 변경될 수 있음.
3. 원상복구 의무 없는 것으로 한다(원상복구하지 않기로 협의한 경우 사용).
4. 임차인은 임대차 기간이 종료되면 임차인이 시설한 제반시설물 등은 임차인의 이익을 위해 설치된 것이므로 원상복구해 신축 당시의 상태로 해서 주기로 한다(신규 임차인이 있는 상태의 경우는 제외).
5. 임대인이 내부 인테리어해주는 조건의 계약이며, 임차인은 임대차계약 종료 시 원상복구(철거)를 책임진다.

TIP

계약 당시의 사진을 찍어서 프린트해 계약서에 함께 주는 것도 좋은 방법입니다.

용도변경 관련 특약

대부분의 용도변경은 임차인이 본인이 원하는 바대로 진행하고 비용을 지불하는 것이 보통이나 상황에 따라 협의해서 임대인이 해주기도 합니다.

1. 계약일 현재 건축물대장상 용도는 제2종 근린생활시설이며 용도변경이 필요한 경우 임차인(또는 임대인)의 비용으로 진행한다. 임대인은 이에 동의하며 필요한 서류 준비 등에 적극적으로 협조하기로 함.
2. 용도변경이 건물상 문제로 불가한 경우, 본계약은 무효로 하며 수령한 대금은 모두 반환하는 것으로 함.

동종 업종 제한에 관한 특약

1. 본계약의 임차 입점 업종은 ***이며, 임대인은 본 건물 내에 동종 업종을 타인에게 임대하지 않기로 함(업종 범위는 상호 협의해 자세히 기재하는 것이 좋음).

권리금 관련 특약

권리금 관련한 법령은 상가임대차보호법 제10조의3과 제10조의 4를 참고하시면 됩니다.

> 상가임대차보호법 제10조4 제1항에 따라 임대인은 임대차 기간이 끝나기 6개월 전부터 임대차 종료 시까지 다음 어느 하나에 해당하는 행위를 함으로써 권리금계약에 따라 임차인이 주선한 신규 임차인이 되려는 사람으로부터 권리금 지급받는 것을 방해해서는 안 된다.
>
> 구체적으로 임대인이 하면 안 되는 행위는 다음과 같습니다.
>
> - 직접 신규 임차인에게 권리금을 요구하거나 수령하는 행위
> → 임대인이 기존 임차인의 권리금 회수를 가로막기 위해 본인이 대신 권리금을 받는 행위는 금지된다.
>
> - 신규 임차인에게 기존 임차인에게 권리금을 지급하지 못하도록 방해하는 행위
> → 예 : 부당한 거절, 근거 없는 지연 등
>
> - 신규 임차인에게 시세에 비해 현저히 높은 차임(월세) 또는 보증금을 요구하는 행위
> → 사실상 계약을 방해하는 것으로 간주되어 금지된다.

기타 상가·사무실 계약 관련 기본 특약

1. 계약일 현재 관리비는 월 ***만 원으로 부가세 별도임(수도세 포

함. 전기, 가스 별도).
2. 렌트프리는 잔금일로부터 1개월이며 월세 기산일은 OO.OO.OO부터 하기로 함(월차임은 후불 지급). 렌트프리는 월차임에만 적용되며 관리비는 잔금일부터 임차인이 지불하기로 함.

기타 체크할 부분

1. 전대차 또는 전세권 설정 등이 필요한 경우, 동의 가능 여부 체크
2. 간판 설치 가능 여부(옥외광고물법을 준수해야 하며 건물 내부 규약이 별도로 있는지 확인 필수)
3. 주차대수가 보장되는 전제 하의 계약이라면 이 부분도 특약에 기재(예 : 주차 1대 무료, 추가 1대 유료 3만 원 가능)

상가 및 사무실의 경우, 관리비 혹은 주차 가능 유무가 계약을 결정하는 데 큰 영향을 미칠 수 있습니다. 일반건물이라 건물주가 결정하는 사안이라면 계약서에 그대로 협의나 조건 내용을 기입하면 됩니다.

하지만 집합건물이라면 주차나 관리비에 관한 규정은 건물 내부 규정을 따를 수밖에 없습니다. 따라서 집합건물의 관리비나 주차대수 내용을 특약에 적으려면 꼭 계약일 현재의 조건은 이러하지만, 이 내용은 건물 내부 규정을 따른다는 내용을 함께 적어주어야 추후 변동이 생겼을 때 분쟁이 없습니다.

상가 - 임대차계약
(스크린골프장)

1. 임차인, 임대인은 현 시설 상태의 계약이며 등기부등본 및 임대인 내용(신분증)을 확인함(임차인은 호실 상태 확인함).
2. 부가세 10% 차임과 별도임(VAT 포함 : 121만 원 입금).
3. 영업 및 공사(용도변경 및 소방) 프리렌트 기간을 4개월 지정하기로 한다(첫 임대료 입금일 : 2023년 10월 15일).
4. 관리비 정산은 잔금일부터 임차인이 지불하기로 한다.
5. 건물의 구조가 스크린골프장 사업에 적합하지 않을 경우(총 7개 호실 중 한 호실이라도 계약 파기 시), 또는 건물의 용도변경(운동시설로 변경)에 문제가 있을 경우에는 이 계약은 무효 처리하며 계약금은 반환하기로 한다.
6. 임차인이 현 시설물을 사용하는 동안 건물의 원칙적인 하자는 임대인이 부담하며, 사용상 훼손 및 하자는 임차인이 복구하기로 한다.

7. 영업권 허가에 대한 제반 사항과 전기시설 승압, 가스 인입 등에 대해 임대인은 협조해주어야 하며, 업무 처리는 임차인의 책임 하에 진행하고 비용 또한 임차인이 부담하기로 한다.
8. 임차인은 임대인에게 권리금 또는 시설물에 대한 금액을 요구할 수 없으며, 임대인은 임차인의 권리금에 대해 일절 관여하지 않는다.
9. 임차인은 임대차 기간이 종료되면 임차인이 시설한 제반시설물 등은 임차인의 이익을 위해 설치된 것이므로 원상복구해서 신축 당시의 상태로 해주기로 한다(신규 임차인이 있는 상태의 경우는 제외).
10. 임대 기간 만료 이전 퇴거 시 부동산에서 임차를 맞추며, 중개 수수료는 임차인이 부담한다.
11. 기타 정하지 아니한 사항은 민법 및 상가임대차보호 및 부동산 임대차계약 일반 관례에 따르기로 한다.
    * 개인정보동의 : 공인중개사법에 의거해 본계약서를 법정 기간 동안 보관함에 따라 공인중개사가 의뢰인(임대인, 임차인)의 개인정보를 일정 기간 보관함을 쌍방이 동의하며 본계약 이외의 목적으로 사용하지 않음을 확약함.
    * 임대인 계좌번호 : 000-000000-000 (예금주 : ○○○)

사무실 – 임대차계약
(지식산업센터)

1. 현 시설물은 임차인과 공인중개사가 함께 확인했으며, 확인한 상태로 계약함 – 복층으로 되어 있으며 벽 페인트 및 LED 전등은 임대인이 교체해주기로 함(옵션 : 에어컨, 싱크대).
2. 임차인은 제조업 사업자로 지식산업센터 입주 가능 업종을 준수한다.
3. 등기사항 전부 증명서상 중소기업은행에서 채권최고액 금 240,000,000원 설정 상태임.
4. 임차인이 추가로 설치한 시설물이나 파손된 시설물(바닥 및 벽체, 천장 등 포함)은 만기 시 원상회복하기로 한다.
5. 계약일 현재 주차는 2대 무료이며 관리비 별도 있음(건물 내부 규약 따름).
6. 월차임과 관리비는 부가세 별도 후불이며 임대인은 세금계산서를 발행해주기로 한다(임차인은 월세 연체 시 연이율 15%를 가산해

서 적용한다).
7. 잔금 시까지 각종 공과금 및 관리비는 임대인이 부담하며 잔금 후 임차인이 부담한다.
8. 본계약서에 명시되지 않은 사항은 임대차보호법 및 부동산 임대 일반 관례를 따르기로 한다.
※ 임대인 지정계좌 : 기업은행 000-000000-000 (예금주 : ○○○)
9. 현 시설물 상태에서 계약하며 임대인의 제공시설이 아닌 임차인이 추가로 시공한 인테리어 및 파손된 시설물은 만기 시 임차인이 원상복구하기로 한다(임대인 시공사항 : 룸 1개, 유리 강화도어, 디지털도어록).

상가·사무실 - 매매계약
(집합건물)

1. 본건은 매수자가 현재 임차 중인 지식산업센터(공장)을 매입하는 것으로 납입 중인 월차임 및 모든 제세공과금과 관리비(장기수선충당금, 선수관리비 포함)는 잔금일 기준 정산한다.
   * 기존 세입자가 매수하는 케이스입니다.
2. 계약금 2,000만 원 중 일부 500만 원은 23.11.03. 입금했으며, 나머지 계약금 1,500만 원은 임차보증금으로 대체하고 매도인은 계약금 영수증을 발급한다.
   * 기존 세입자가 매수하는 케이스입니다.
3. 매도자와 매수자의 협의하에 잔금 일정은 앞당길 수 있음.
4. 현 시설 상태에서 매매계약이며, 등기사항증명서를 확인하고, 계약을 체결함.
5. 등기사항증명서상 중소기업은행 채권최고액 금 399,000,000원 설정된 상태의 계약이며 잔금일에 매도인이 상환하고 말소하기

로 하며, 매도인은 잔금일까지 채무를 부담하는 등의 새로운 권리변동을 일으키지 않도록 한다.
6. 상기 매매대금은 건물분 부가가치세 별도이며, 매도인은 건물분에 대한 세금계산서 및 토지분에 대한 계산서를 잔금 시 발행하기로 한다(건물가액 : 331,761,040원 부가세 : 33,176,104원 토지가액 : 118,238,960원).
7. 본계약서에 기재되지 않은 사항은 민법상 계약에 관한 규정과 부동산 매매 일반관례에 따른다.
   ※ 매도인 계좌번호 : 우리은행 000-000000-000 (예금주 : ㅇㅇㅇ)
   * 등기사항전부증명서, 건축물대장, 중개 대상물 확인·설명서, 공제증서 등을 첨부한다.
8. 본계약은 공부상 면적을 기준으로 한 매매이며, 향후 실면적과 공부상의 면적에 차이가 발생해도 매수인 및 매도인은 이의를 제기하지 않기로 한다.
9. 상기 매매금액은 부가가치세를 포함하고 쌍방은 잔금 시 포괄 양도양수 계약서를 작성해서 첨부하기로 한다.

건물(빌딩) - 매매계약

Case 1

1. 본계약은 매수인이 직접 방문해서 확인한 현 시설물 상태(지하실 포함)에서 매매한다(단, 전기, 수도 등의 기본시설물은 사용할 수 있는 상태이어야 한다).
2. 잔금 시까지 각종 공과금 및 전기, 수도, 소방경비 등은 잔금일 기준으로 매도자가 정산한다.
3. 계약금 및 잔금은 매도, 매수 협의하에 지정계좌로 입금하기로 한다. 단, 입금 후 발생되는 이자 등 수익에 대해 추후 잔금 때까지 발생되는 부분은 매도인의 수익으로 한다.
   * 입금지정계좌 : 국민은행 000-00-0000-000 (예금주: ○○○)
4. 현 노후한 건물 2개 동은 매매금액에 포함한 금액임
   : 건물 1(철근콘크리트 슬라브 2층)

지층 116㎡

1층 116㎡

2층 116㎡

: 건물 2(경량철골조 아이소엘 판넬)

단층 877.50㎡

5. 총 매매금액 중 건물분 부가가치세는 별도이며,

토지가액 :

건물가액1 :

건물가액2 :

건물분 부가세액 :

안분해서 산정한 금액으로 잔금일 세금계산서 발행 및 정산하기로 한다.

 * 건물 매매 시 부가세 계산은 세무사에게 맡기도록 하는 것을 권장합니다(건물 매매라면 매수 측 담당 세무사가 있을 것임).

6. 매도인은 본계약 부동산에 매도인 등의 귀책 사유로 일체의 법적 죄가 단행될 경우 책임지고 해결해야 한다.
7. 매도인은 현재 등기사항전부증명서상 토지, 건물 공동담보 을구 채권최고액 금0,000,000원 근저당설정(근저당권자 : 주식회사○○은행)은 잔금과 동시이행으로 상환, 말소등기하기로 한다.
8. 본계약 부동산과 관련된 모든 수목, 지장물, 공작물, 미등기건물 등 일체를 포함해 매도하는 조건임.
9. 매도자는 잔금과 동시에 본 건물을 명도해주기로 한다.
10. 기타사항은 부동산 매매 관례에 따르기로 한다.

Case 2

1. 현 시설 상태의 매매계약이며, 등기사항 전부 증명서 및 조합사무실과 매도인 모두 하자 없는 상태를 확인하고, 토지거래허가를 득한 후 하는 계약이다.
2. 위와 같이 확인했으나 조합은 확인만 해볼 뿐 책임의 의무는 없으므로 만약 매도인은 매도인 및 그 세대원의 본 매도 목적물을 제외한 성수전략정비4지구 내에 조합 설립 이후부터 다른 조합원 자격과 관련된 부동산이 없음을 고지했으나 잘못된 고지로 인해 매수인에게 정상적 분양 자격이 나오지 않는 경우, 본계약은 무효로 하고, 그에 따른 기회비용 등 모든 비용을 산정한 금액의 손해를 배상하며, 매도인은 이에 따른 모든 민형사상 책임을 지기로 한다(증여 및 사후 상속 시 상속인이 책임을 승계한다 - 동의서 첨부).
3. 낙후된 정비구역 내의 주택이므로 매수자가 이를 충분히 인지하였으며 누수로 인한 하자 등은 매수인이 책임지기로 한다.
4. 소유권이전등기가 완료되기 전에 매도인에 의해 등본상에 권리 제한 사유가 발생하는 경우 매수인은 계약을 해제할 수 있으며, 이때 매도인은 매수인에게 이미 지급된 금액을 즉시 반환해주어야 하며, 매매금액의 15%를 손해배상해주기로 한다.
5. 대지·건물면적은 권리면적(토지대장 공부상) 기준으로 한 매매이며, 향후 실측 면적과 차이가 있더라도 매수인 및 매도인은 일체의 이의를 제기하지 않기로 한다.
6. 매수인은 대출 실행에 있어 대출 은행에 확인하고 확답으로 매수실행을 했으나, 정부 대출 정책 변동 및 ***은행 본 심사 시 대출이 불가할 경우 본계약은 무효로 한다.
7. 매수인은 1층 편의점 보증금 5,000만 원/360만 원, 1층 카페보

증금 1,000만 원/70만 원, 2층 보증금 3,000만 원/210만 원, 3층 보증금 3,000만 원/200만 원 인수한다(총 보증금 1억 2,000만 원/월세 840만 원).
8. 지하 1층은 공실 상태 조건으로 한다.
9. 지하 누수 공사비 중 매도인은 2,000만 원을 보조하기로 한다.
10. 건물분 부가가치세는 별도다.
11. 등기 이전 시 매도인은 매수인에게 소유권이전등기에 필요한 매도인의 인감증명 외 제반 서류 제출에 협조하기로 한다.
12. 매수인은 잔금 및 소유권이전등기 접수 이후 조합에 그 사항을 통보한다.
13. 그 외 기타사항은 매매 관련법에 따르며, 계약 당사자는 개업공인중개사가 계약서 작성 등을 위한 개인정보 수집 및 활용에 동의한다.
14. 본 매매는 매도자 및 추후 상속인이 될 가족 모두의 동의로 매매계약이 이루어진다.
15. 매도자의 분양권 자격에 문제가 있어 매수자에게 불이익이 생길 시 동의자 모두 연대 책임을 지기로 한다.
- 배우자 : BBB
- 자녀 1 : CCC
- 자녀 2 : DDD
- 자녀 3 : EEE

※ 입금 계좌번호: 농협 ***-****-******* (예금주: AAA)

가계약서 문자 양식

[부동산 가계약서] 본계약에 준하는 계약서

1. 부동산의 표시 : 경기도 안양시 동안구 관양동 *** 103동 601호
   1-1. 전세 : 보증금 3억 5,000만 원
      - 계약금 10% : 3,500만 원
      - 잔금 : 3억 1,500만 원
   1-2. 계약기간 : 2년 (잔금일 : 2023.06.30. 이내로 본계약 시 협의)
2. 가계약금(계약금 일부) : 200만 원
3. 본계약 체결일 : 차주 내
4. 임대인 인적 사항 : 김OO
   주민등록번호 : 530913-******
5. 임차인 인적 사항 : 안OO

주민등록번호 : 870711-*******
6. 임대인 계좌번호 :
기업은행 000-0000-0000000 (예금주: ○○○)
7. 거래 약정 내용

★ 가계약금(계약금의 일부) 400만 원은 오늘(2023.04.12) 입금하고 본계약 시 나머지 계약금인 3,100만 원을 입금하기로 한다.
1. 현 시설물을 임차인과 중개사가 함께 확인했으며 옵션 등 확인한 상태로 계약한다.
2. 옵션 : 붙박이장, 인덕션, 냉장고, 시스템 에어컨 등이며 임차인의 과실로 파손 시 원상복구 함
3. 애완동물 금지 / 실내 흡연 절대 금지
4. 잔금일의 주말을 제외한 익일까지 계약일 현재의 등기부상 추가 권리설정 없어야 함.
5. 기타사항은 민법 임대차보호법 및 주택임대차보호법에 따르기로 한다.
   - 가. 다른 약정이 없는 한 임대인은 가계약금의 배액을 상환하고, 임차인은 가계약금을 포기하고 계약을 해제할 수 있고, 계약 체결 후 임대인, 임차인 어느 한쪽이 계약 불이행하는 경우는 가계약금을 위약금으로 본다.
   - 나. 가계약의 효력은 가계약 체결일로부터 본계약이 체결될 때까지 유효하다.
   - 다. 본 가계약은 임대인·임차인에게 위 부과조건이 기록된 본 가계약 내용의 문자를 핸드폰으로 발신해서 동의를 받고, 가계약금은 온라인 송금한다.

TIP

가계약서를 문자로 직접 써서 보내고 회신 동의를 받는 경우도 있고, 가계약 내용을 A4용지에 쓴 후, 출력해서 사진으로 찍어 문자로 전송하는 방법도 있습니다. 문자로 직접 쓰는 경우, 저는 구글 Keep 메모장(핸드폰과 PC 연동 가능)을 즐겨 활용합니다.

에필로그

　지금 이 시기에 공인중개사로 시작한다는 것은 굉장히 큰 용기가 필요한 일입니다. 아마 이 책을 읽으시는 분 중에는 아직 현업에 뛰어들지 않았거나, 이제 막 공인중개사의 세계로 뛰어드신 3년 차 미만의 초보 중개사분들도 계실 것입니다. 이렇게 책을 찾아보며 배움의 열정을 갖고 계신 여러분께 박수를 보내고 싶습니다. 저 또한 초보 시절 아무도 알려주는 사람이 없어서 닥치는 대로 책을 읽으며 필요한 정보를 찾았던 기억이 납니다.

　요즘 중개를 하다 보면 고객들이 훨씬 더 스마트해졌다는 것을 느낍니다. 예전처럼 중개사가 일방적으로 푸쉬한다고 해서 고객이 따라오는 시대는 지났습니다. 진정성 있게, 마치 내 집을 사는 것처럼 마음을 다해 서비스를 제공하지 않는다면, 정보가 모두 오픈된 이 시대에 많은 중개사가 시장에서 도태될 수밖에 없습니다. 하지만 반대로 고객을 진심으로 대하면 절대 실패하지 않을 거라 확신합니다.

　중개사의 모든 계약은 반드시 고객이 우선이어야 합니다. 바로 이

점이 상위 1% 중개사와 그렇지 않은 중개사의 결정적인 차이입니다. 단지 돈을 벌기 위한 마음으로 임한다면 결국 성공은 지속되지 않을 것입니다. 고객은 중개사의 진심을 정확하게 느끼기 때문이죠.

인터넷 기술의 발달로 정보의 비대칭성은 상당히 완화되었고, 고객들은 점점 더 전문화된 지식을 갖추고 있습니다. 때로는 중개사보다 더 정확하고 빠르게 정보를 파악하기도 합니다. 이런 시대에 중개사로서 신뢰받으려면 3가지 능력이 필수입니다.

첫째, 고객의 니즈를 정확히 파악하는 능력입니다. 고객 스스로도 잘 모르는 니즈를 정확한 질문으로 끌어내어, 고객이 진짜 원하는 것을 제시할 수 있어야 합니다.

둘째, 매물의 컨디션을 완벽히 파악하는 능력입니다. 그래야 고객이 원하는 매물을 정확하게 제안할 수 있고, 고객에게 깊은 신뢰와 감동을 줄 수 있습니다.

셋째, 시장 상황에 대한 철저한 이해입니다. 과거부터 현재까지의 추세를 명확히 파악하고, 앞으로의 시장 상황까지 분석해 브리핑할 수 있어야 고객이 강력한 확신을 가지게 됩니다.

이런 능력과 확신은 단기간에 얻기 어렵습니다. 그렇기 때문에 중개

업으로 성공하는 것이 쉽지 않은 것이겠죠. 하지만 쉽지 않기 때문에 기회가 있는 것입니다. 특히, 지금같이 모든 것이 오프라인에서 온라인으로 넘어가는 시대 상황에서는 더더욱 그렇습니다.

저는 오히려 지금 이 시기가 초보 중개사에게는 더할 나위 없는 기회라고 생각합니다. 과거에는 중개사무소의 오프라인 입지가 절대적이었지만, 이제는 상권이 온라인으로 넘어가면서 온라인에서의 입지가 더욱 중요해지고 있습니다. 유튜브, 인스타그램, 네이버 블로그와 같은 SNS 채널을 통한 홍보가 그 어느 때보다 중요해졌다는 의미입니다.

실제로 최근 고객들은 더 이상 발품을 팔며 중개사무소를 찾아가지 않습니다. 인터넷을 통해 미리 정보를 찾고, 마음에 드는 중개사무소와 사전에 약속을 잡고 방문합니다. 아무리 좋은 위치에 있는 중개사무소라도 온라인 홍보에 소홀하다면 고객으로부터 외면받기 쉽습니다. 기존 중개사분들에게 이러한 변화는 위기일 수 있지만, 초보 중개사분들에게는 새로운 기회가 될 것입니다. 저 역시 이러한 온라인 홍보를 적극적으로 활용하면서 빠르게 자리를 잡을 수 있었습니다.

중개를 처음 시작하면 위치 선정, 광고, 브리핑, 계약서 작성까지, 어느 것 하나 쉬운 게 없습니다. 특히, 이 중개는 누구에게 속 시원히 배우고, 물어볼 것이 없다는 것이 참 힘든 현실인데요. 지금 시작하는 중개사들에게 실질적인 도움을 드리고자 만든 것이 바로 '집사임당 중개

클래스'입니다. 중개 경험이 없는 초보들도 강의를 들으면 방향을 잡고 중개를 시작할 수 있도록 만들었습니다.

실제로 수업을 듣고 바로 개업한 수강생들도 많습니다. 중개사 자격증은 땄는데 당장 무엇을 해야 할지 막막한 분들께는 '사막의 오아시스' 같은 강의라고 확신합니다. 클래스에 대한 정보는 네이버 카페 '집사임당 리얼티랩'에서 확인하실 수 있으니, 아래 링크와 QR코드를 참고해주세요.

〈집사임당 리얼티랩 카페〉
주소 : https://cafe.naver.com/f-e/cafes/31307450/menus/40?viewType=L

그리고 이 지면을 빌려 한 가지 약속을 드리고 싶습니다. 첫 번째 책인 《당신만 몰랐던 공인중개사 실무 A to Z》, 이번 책 《당신만 몰랐던 계약서 작성 A to Z》에 이어 세 번째 책 《당신만 몰랐던 공인중개사 마케팅 A to Z》를 준비 중입니다.

'당신만 몰랐던' 시리즈는 총 3권으로 완성할 계획이며, 마지막 마케팅 책은 실질적으로 '중개로 돈 버는 법'에 대한 노하우를 담을 예정입니다. 많은 관심과 응원 부탁드립니다.

여러분의 성장을 진심으로 응원합니다.

- 집사임당 김애란

당신만 몰랐던 계약서 작성 A to Z

제1판 1쇄 2025년 8월 1일

지은이	김애란(집사임당)
펴낸이	허연 **펴낸곳** 매경출판㈜
기획제작	㈜두드림미디어
책임편집	최윤경 **디자인** 얼앤똘비악earl_tolbiac@naver.com
마케팅	한동우, 박소라

매경출판㈜
등록 2003년 4월 24일(No. 2-3759)
주소 (04557) 서울시 중구 충무로 2(필동1가) 매일경제 별관 2층 매경출판㈜
홈페이지 www.mkbook.co.kr
전화 02)333-3577
이메일 dodreamedia@naver.com(원고 투고 및 출판 관련 문의)
인쇄·제본 ㈜M-print 031)8071-0961
ISBN 979-11-6484-795-2 (03320)

책 내용에 관한 궁금증은 표지 앞날개에 있는 저자의 이메일이나
저자의 각종 SNS 연락처로 문의해주시길 바랍니다.

책값은 뒤표지에 있습니다.
파본은 구입하신 서점에서 교환해드립니다.